家藏文库

商君书

〔先秦〕商鞅 著　　叶平 注译

中州古籍出版社
·郑州·

图书在版编目（CIP）数据

商君书 /（先秦）商鞅著；叶平注译. —郑州：中州古籍出版社，2019.4（2022.5 重印）

（家藏文库）

ISBN 978-7-5348-8562-4

Ⅰ. ①商… Ⅱ. ①商… ②叶… Ⅲ. ①商鞅变法 ②《商君书》- 注释 ③《商君书》- 译文 Ⅳ. ① B226.2

中国版本图书馆 CIP 数据核字（2019）第 058462 号

SHANGJUN SHU

商君书

出 版 人	许绍山
选题策划	卢欣欣　赵发杰
约稿统筹	卢欣欣
责任编辑	吕　玲
责任校对	周　靖
封面设计	王　歌
版式设计	曾晶晶

出 版 社	中州古籍出版社（地址：郑州市郑东新区祥盛街 27 号 6 层　邮编：450016　电话：0371-65723280）
发行单位	河南省新华书店发行集团有限公司
承印单位	河南新华印刷集团有限公司
开　　本	640 mm×960 mm　1/16
印　　张	15
字　　数	160 千字
版　　次	2019 年 4 月第 1 版
印　　次	2022 年 5 月第 3 次印刷
定　　价	30.00 元

本书如有印装质量问题，请与出版社调换。

前　言

一、商君其人与《商君书》之成书

（一）商鞅的生平事迹

商君，即商鞅，姓公孙，名鞅，为战国后期卫国公子，故又名卫鞅，因后来被秦孝公封于秦商、於，故世人称其为商君。卫鞅年少才雄，好法家刑名之学，而卫国弱小，无以施展其志向，就前往魏国，投奔魏国宰相公叔痤。公叔痤很赏识他，向魏惠王推荐其代自己为魏相，但魏惠王不能听用。公叔痤对魏惠王说，若不能用卫鞅，当杀之，不可令其出境，惠王当面允诺。魏惠王走后，公叔痤当即召见卫鞅，并将所言一一告知，劝其立即离开魏国，卫鞅轻视地说："惠王既然不肯听君之言用我，又岂会听君之言杀我？"依旧留居魏国而不去。公叔痤去世后，卫鞅听说秦孝公锐意进取，正在招纳各国贤士，就来到秦国，凭借孝公的宠臣景监得到求见孝公的机会。卫鞅前后求见孝公三次，前两次分别试以儒家三代之治的帝道、王道游说孝公，孝公不为所动，其后卫鞅改与秦孝公讲论富国强兵的"霸道",孝公这才心中大悦,与之谈论数天而不厌。于是重用卫鞅,任命他为秦国的左庶长。

秦孝公三年(前359年),卫鞅劝孝公变法,变法措施有五,分别是:(1)将民众编为"什""伍",进行军事化管理;(2)设连坐之法;(3)规定以军功授爵,宗室子弟若无军功,不得列入宗室名册;(4)禁止私斗,违者处以重刑;(5)奖励耕织,民众因从事工商业或游手好闲而导致贫穷的,官府没收家产子女。法令公布一年后,秦国民众嫌其不便,多有怨言,太子(后来的秦惠王)也犯法,卫鞅说"法之不行,自上犯之",依法当刑太子,但因为太子是嗣君,事关国体,就以其师傅代替其身,刑太子傅公子虔,黥太子师公孙贾。太子受刑,秦人都心悦诚服,法令得以顺利推行。变法十年后,效果十分明显,秦国"道不拾遗,山无盗贼,家给人足。民勇于公战,怯于私斗,乡邑大治"。孝公任命卫鞅为大良造。又过了三年,卫鞅进行第二次变法:废井田、开阡陌;统一度量衡;命令民众必须分家别业居住,父子兄弟不得共居一宅;将秦国小而分散的乡邑集聚为三十一个县,设立县令、县丞,统一管理。法令实行四年后,太子傅公子虔再次犯法,被施以劓刑(割鼻)。秦国由变法而迅速富强,周天子致胙(祭祀之胙肉)于孝公,诸侯都向孝公祝贺。其后,卫鞅说服秦王攻打魏国,诱骗魏将公子卬前来会盟,在会上设计将公子卬俘获,继而率秦军连破魏国,令后者不得不割地求和。由于卫鞅屡建大功,孝公就将商、於之地封给他,以赏其功。

前338年,秦孝公去世,惠王即位。公子虔等人愤懑商鞅对己的处罚,借机诬告商鞅造反,惠王于是派官吏抓捕商鞅。商鞅逃到魏国,魏人则一直怨恨商鞅诓骗公子卬之事，不但不接受商鞅，还派人将其送回秦国。商鞅只好又逃回商邑，无奈之下被迫发动邑人起兵抵抗，但不幸失败，秦惠王将其车裂示众，并诛灭了商鞅的家族。一代政治家、以变法推动秦国富强、奠定秦统一天下基础的商鞅，其人生结局是非常悲惨的。

（二）《商君书》的成书、流传与校注

《商君书》不是一人一时之作，一般认为，其中只有少数篇目是商鞅自著，其他则是商鞅学派的后学、以及商鞅本人的徒党所作。韩非子时代，商鞅的一些文章已在社会上流传，韩非曾说秦国"今境内之民皆言治，藏管、商之法者家有之"，且今《商君书》之《靳令》篇亦为《韩非子》所引，但并不清楚当时所流传者是单篇还是已编录成书。汉初，商鞅的文章《开塞》《耕战》为《淮南子》《史记》等书所提及，到了东汉时期，班固撰《汉书·艺文志》，就在法家类别中正式著录为："《商君》二十九篇。"三国时期，蜀汉的诸葛亮首次将商鞅著作称为《商君书》，其后《隋书》《旧唐书》之《经籍志》均沿用其名，《新唐书·艺文志》则提到《商君书》另有一书名为《商子》。两宋之际，该书篇目已散佚，郑樵《通志》、晁公武《郡斋读书志》称《商君书》亡佚三篇，仅余二十六篇，而到了南宋末年，《商君书》又散失一篇，仅剩二十五篇，陈振孙《直斋书录解题》说："《汉志》二十九篇，今二十六篇，又亡一篇。"不但篇目亡失，内容也有颠倒错乱的现象，黄震见到《商君书》后甚至怀疑其为伪作，说不应该"烦乱若此"，"其伪殆不可知也"。至明代，《商君书》流行刻本有范钦天一阁刊本、绵眇阁本

（收于《先秦诸子合编》中）、归有光《诸子汇函》本、秦四麟本、朱蔚然本、汪定国《诸子褒异》本等。其中归有光本有少量注解，他本只有原文，并无注疏也无校订。

清代对《商君书》的校订与注解颇有可观之处。学者严万里得到二十六篇的元代《商君书》刊本，其中第十六篇、第二十一篇亡佚，实为二十四篇，与范钦本相同，可见元、明《商君书》刻本均为二十四篇。严万里以此刊本为底本，与明代范本、秦本等刻本相互参校后，于乾隆五十八年（1793年）刊出，书名为《商君书新校正》，学者一般称其为"严校本"，但后来严校本所依据之元刊本亦佚。光绪二年（1876年），浙江书局将严校本刊入《二十二子》，这个版本十分流行，成为后来很多种《商君书》校注本的底本。清代《商君书》校本还有官修四库全书本、孙星衍嘉庆癸亥年（1803年）本、钱熙祚道光己亥年（1839年）校刊的指海本《商君书校》等。此外，俞樾的《诸子平议》、孙诒让的《札迻》、于鬯的《香草续校书》、陶鸿庆的《读诸子札记》等书，虽非专门注《商》之作，但对《商君书》都进行了详细地考证，校勘精审，参考意义很大。

民国时期，学界对《商君书》较为重视，先后有几部重要的注疏问世，如王时润的《商君书斠诠》、朱师辙的《商君书解诂》《商君书解诂定本》、陈启天的《商君书校释》、蒋礼鸿的《商君书锥指》等。1949年后，大陆有高亨的《商君书注译》《商君书新笺》、张觉的《商君书校注》《商君书全译》等专著出版，海峡对岸则出版过贺凌虚的《商君书今注今译》、贝远臣的《新译商君书》。综观近现代以来校释《商君书》

的著作中，迄今为止影响最大的是朱师辙的《商君书解诂定本》、蒋礼鸿的《商君书锥指》与高亨的《商君书注译》，这三部著作也均以严校本为主，广采各家之说而成。

二、《商君书》的思想内容

商鞅为法家代表人物，《商君书》是一本集中论述、宣扬法家思想的著作，其主要内容可分为三部分：其一，对国家性质的认识；其二，对法律与政治之性质的认识；其三，阐述变法的依据与目的。

其一，关于国家的性质是什么，《商君书》首先回顾了国家的起源，认为国家兴起是因为时势使然。《画策》篇说，在远古昊英、神农之世，"人民少而木兽多"，人们不需要为获得自然资源而互相争斗，那个时候是既没有国家也没有甲兵的。但到了黄帝之世就不同了，人口日渐增多，资源变得稀缺，人人相争，"以强胜弱，以众暴寡"，社会纷乱不止。于是黄帝建立了一整套国家机器，并发明了与之相配合的统治理论，"作为君臣上下之义"，以组织民众，分配资源，对内压制、对外扩张，维持基本的社会秩序，这就是国家产生的过程。《商君书》对国家起源的描述与《墨子》《荀子》等书相当接近。《墨子·尚同》说没有国家之前，人们的意见纷纭不能统一："其人兹众，其所谓义者亦兹众。是以人是其义，以非人之义，故交相非也。是以内者父子兄弟作怨恶离散，不能相和合，天下之百姓，皆以水火毒药相亏害……天下之乱，若禽兽然。"荀子则说人类的欲求无度，争斗不止，不得不求助于国家的调解与仲裁："人生而有欲，欲而不得，则不能无求；求而无度量分界，则不能不争；争则乱，乱则穷。先王恶其乱也，故制礼义以分之，以养人之欲，给人之求。"（《荀子·礼论》）这三本著作都认为，在国家建立之前，人们处于一种人人自危的自然状态，此为国家得以产生的正当性依据。由此可见，这是先秦时期一种比较有代表性的国家起源论观点。在此前提下，《商君书》进而主张，国家是一个"内行刀锯，外用甲兵"的实体，其作用是"内制其民，外胜强敌"。

其二，关于法律与政治的性质。法律的作用是什么？《商君书》提出"法令者，民之命也，为治之本也，所以备民也"，法律是民众的生命，也是治理国家的根本，是为了保护民众而设置的。法律的根本作用是确定物对于人的名分归属。《定分》篇举例说，当一物的名分还没有确立下来的时候，比如：野外奔跑的兔子，就可以归属于任何人，那么此时即便如尧、舜、禹、汤这样的圣人也会为之追逐奔驰；而当名分已定，连盗贼也不会去强取其物。法律确定名分，就使得社会不同阶层的人群可以自主管理自己的行为："名分定，则大诈贞信，巨盗愿悫，而各自治也。"因此，法律对社会基本秩序的维系发挥着重要作用，是"势治之道"；反之，名分不定，法律不彰，则使得众人逐鹿不休，是"势乱之道"。

法律如何制定与公布？《商君书》提出，"圣人以千万治天下"，君主要以千千万万普通人都能懂得、易于接受的道理制定法律，遵循简单、方便易行的原则，"故夫知者而后能知之，不可以为法，民不尽知；贤者而后知之，不可以为法，民不尽贤。故圣人为法必使之明白易知，名正，愚知遍能知之"。那些只有智者才能弄明白的东西，不适合制定成法律，因为老百姓不都是聪明的；那些只有贤者才能懂得的东西，也不适合制定成法律，因为老百姓不都是贤能的。君主制定法令，一定要让法令通俗易懂，名分清晰，使得无论聪明人还是蠢人都能明白。

当法律确定之后，就向天下公布，君主要在朝廷中设置法官，并向地方派出专门监督地方官是否违法、并负责给民众解释法律的法官。民众如果不理解法令，可以找到法官咨询，若对地方官的执法感到疑惑与不满，也可以直接询问法官，一旦地方官所言的法令与朝廷法令条文不一致，民众即以法官之言质问地方官执法有误。这样，官、民都熟悉法律的内容条目，民众在日常行事中就知道有所避就，不会置身于危险境地，而地方官吏也不敢隐瞒法令欺骗民众、随意枉法了。

法律施行与遵守的问题。法律施行的具体原则是要赏罚分明，一切依法办事，"任法而治"，从上到下一视同仁。法律是约束所有人的，不是君主个人专使，"法者，君臣之所共操也"，君主自身也要做到不徇私情，"君臣释法任私必乱。故立法明分，而不以私害法，则治"。刑法并无等级，《赏刑》说："自卿相、将军以至大夫、庶人，有不从王令、犯国禁、乱上制者，罪死不赦。"同样，赏赐也要依据法律来进行，不能听凭君主个人的偏好，"赏诛之法，不失其议，故民不争。不以爵禄便近亲，则劳臣不怨；不以刑罚隐疏远，则下亲上"。只有这样，才算做到了法律的公平。上行下效，人民也会对此心悦诚服，而主动遵守法律了。

《商君书》的法律主张是重刑主义的，但书中又声称，法律的终极目的,并不在于"惩",而是在于"戒",是为了让人们畏惧法律,不敢以身试法,这就叫"以刑去刑"。其法律精神是以严苛的法律作为威慑,最终结果则使得刑罚无处可施,而达到"无刑"之治,即所谓"明刑之犹至于无刑也"。《说民》篇解释说:"刑生力,力生强,强生威,威生德。"用严刑峻法威慑民众,以预防犯罪,起到"治之于其治"的政治效果,这才是仁义道德社会的真正实现:"天下行之,至德复立。此吾以杀刑之反于德。"而不讲法治,一味宣扬仁义,势必造成民众以身试法,从而走向仁义的反面:"而世所谓义者,暴之道也。"

《商君书》讲的"法"除了法律以外,还包括政治与行政。书中强调制度、吏治与君权三者缺一不可。政治与法律是相互作用、互为依托的。法律规定了物权的归属,将土地、货财进行社会分配,分配之后,就要建立政治制度加以保障,而制度则依靠人来实施,这就需要行政体系与吏治。吏治须由君主操控驾驭:"分定而无制,不可,故立禁;禁立而莫之司,不可,故立官;官设而莫之一,不可,故立君。"君权表现为尊尚君主的威势以及君主用以操弄权柄的术数(政治手段)——"凡知道者,势、数也"。首先要树立君主的权势,以此造成法律的威严,这就是"势"的作用;君主以术辅势,颁令天下、驾驭群臣。

《商君书》的作者观察到,社会中存在着不同的利益阶层,阶层之间存在着利害同异的问题,君主与官吏、官吏与民众之间的利害并不一致。官吏在离朝廷千里之外的地方独自裁决事务,年终时才将一年的账簿上交给上级,君主只能依靠这个账簿来裁决,即使发现可疑之处,也根本不可能做出决断,很容易被欺骗。法律要靠官吏去实施,但官吏是人，监督官吏的监察官也是人，人性趋利，这些官员存在着共同利益，也就有着为维护利益勾结起来破坏法度的动机，这就是法律本身的局限所在。因此，君主必须以严密的行政体系督促、约束官吏秉公办事，用"势""术"来破除官员之间的利益同盟，使其各自的利益冲突起来，从而达到彼此牵制、互相监督的效果。应该说，《商君书》对政治运作原理的见解是十分深刻的。

其三，变法的依据与目的。商鞅所处的时代，战国七雄兼并日剧，是所谓"龙虎相啖食"之世。时代稍早一点的墨子说，国君攻夺三里之城，七里之郭，"杀人多必数于万，寡必数于千"，"丧师多不可胜数，丧师尽不可胜计"。诸侯为发动战争而加重对民众的掠夺，使得"百姓之道疾病而死者，不可胜数"（《墨子·非攻》）。稍晚一点的孟子也描述当时"争地以战，杀人盈野；争城以战，杀人盈城，此所谓率土地而食人肉"（《孟子·离娄上》）。列国之间争于气力，弱肉强食，相刃相靡，其势越转越疾，谁也无法幸免于外，这迫使各国纷纷亟求自存胜敌之道。前有李克在魏国发展经济，尽地力之教，吴起在楚国限制贵族，将封君的子孙"三世而收爵禄"，为新兴的军功阶层扫清障碍；中有赵国慎到、韩国申不害力主"势""术"，商鞅以农战振兴秦国；后有韩非集"法""术""势"之大成。一二百年内巨擘继起，络绎不绝，倡言变法，方术虽有同有异，但目的都在富国强兵。"多力者王""国富者强"，法家之兴，实乃时运所致。

在这样的大时代环境下，商鞅在秦国进行变法。变法紧紧围绕着富国强兵的主题，而想要富国强兵，就必须组织集聚起全国的民众之力，这就是"抟民",而抟民之法,则在于农战。商鞅说:"国之所以兴者,农战也","国待农战而安,主待农战而尊"。一方面要使得农民归心于农,一方面要令战士乐于战斗。要做到这一点,就必须"开公利""塞私门",只让耕战之士获得财富与荣誉,使得官爵"必以其力",富贵"必出于兵";同时实行抑商政策,约束工商业,使其不能投机以损害农业生产,禁止讲学、游宦以及私人请投等不事生产的"奸邪"行为,杜绝人们由此得以加官晋爵的可能,将整个社会的趋向转至崇尚农战,实现"利出一孔"(《弱民》)。为此,商鞅在经济上废井田、开阡陌,在政治上破除封建世袭,实行郡县制,在文化上打击儒家的礼、乐、仁、义等道德学说。为了保证耕战政策的顺利实施,商鞅提出要做到"壹赏""壹刑"与"壹教",即统一赏赐、统一刑罚、统一教化,做到标准如一。统一赏赐,是奖励耕战;统一刑罚,是任法而治,以法为本;统一教化,则是毁仁弃义、摒弃儒家的礼乐信廉,斥去浮谈,把耕战作为教化,禁止人们以立功之外的方式获取利禄。

旨在富国强兵的变法措施公布之后,就必须严肃法治,国家的富强依赖法治来保障:"强者必治,治者必强;富者必治,治者必富。"(《立本》)这个"治"就是法治,法治是国家的根本。要依据现实的变化,勇于变法,但在变法之后,就必须坚决实行法治,要求所有人严格遵守新法,以新法为本。变法也好,守法也好,都不是绝对的、固定的,而是彼此依托,相辅相成,这是一种看似自相矛盾、实为辩证运动的发展观点,不能孤立片面地看待这一问题。

变法需要寻找历史的依据与人性论的依据。《商君书》提出,要

"因世而为之治，度俗而为之法"，因世就是历史依据，度俗就是人性依据。商鞅提出，社会是变化发展的，上古之世民风淳朴，人们"亲亲而爱私"，后来中世的时候"亲亲"行不通了，代之以"尚贤"，再往后"尚贤"又行不通了，复代之以"贵贵"。人们的政治观点由时势造成，无论"亲亲"还是"尚贤""贵贵"，都是"当时而立法，因事而制礼"，故而均有其历史的合理性。三者本质为一，道理相通，所谓"周不法商，夏不法虞，三代异势，而皆可以王"，故不可轻易臧否，是古非今，或是今非古都是无知之论。商鞅所处的贵贵之世则应坚持"不法古不修今"，不用遵循什么古制，大胆废除不合时宜的旧法，唯有如此才能使国家昌盛，若抱残守缺，则很快就会在与他国激烈的生存竞争中落败衰亡。因此，必须吸取历史的教训："汤、武之王也，不修古而兴，夏、殷之灭也，不易礼而亡。"政治制度的发展有其内在规律，不能以固定模式作为标准而将其永久化、绝对化，要因时而变。

《商君书》还为变法找到了人性根据：人的自私好利之心。作者认为，人的本性是趋利避害的，有追求名利的天性："饥而求食，劳而求佚，苦则索乐，辱则求荣，此民之情也"，"民之生：度而取长，称而取重，权而索利"。又说人类本性既蒙昧、怠惰、固执，又容易屈服于强权："民之生，不知则学，力尽而服。"（《开塞》）因此，民众需要圣人的教化引导与强力压服："神农教耕而王天下，师其知也；汤、武致强而征诸侯，服其力也。"君主应当利用人情之好恶，就势以爵禄引诱民众投身于耕战，用刑罚惩处不利于耕战的"奸邪"之行："夫人情好爵禄而恶刑罚，人君设二者以御民之志，而立所欲焉。"《商君书》作者认为,避害畏苦是人的天性,要想驱民农战就必须倚重刑罚,以法律劫持人性;但这是不够的,还要用赏赐来激发与满足人的贪欲,以人类好利的天性克制其怕苦怕死的天性。

商鞅虽未直接断言人性为恶,但其说人性好逸恶劳、趋利而畏威的观点实已包含人性本恶的意味,开后世韩非"性恶论"之端。商鞅变法以人性的趋利避害作为根据,观点固然不算全错,但其弊在于对人性只作简单化处理,无视人性的丰富多变,人性想象过于阴暗,而其对儒家的仁义道德等伦理价值的弃绝更是极为偏颇,结果必然导致在下的愚民与在上的专制。而就其以人性缺点为根据而推行的严刑峻法之效果而言,则完全没有考虑到刑罚作为管理手段的局限性,一味以严刑羁束、钳制民众,此种做法短期内可能有效,但长期来看则适得其反。秦末的史实证明,《商君书》大力宣扬的重刑主义只在一定社会条件下适用,其本身具有很强的时效性,并非长治久安之道。

三、《商君书》的历史评价

《商君书》成书以来,因儒学在中国政治中长期占据主导地位,以儒法治国理念之争的缘故,历史上对商鞅其人以及《商君书》的评价总体上以负面为主。西汉时期,司马迁《史记·商君列传》仅对商鞅个人颇有微词,指其"天资刻薄""少恩",但并不否认其变法令"乡邑大治",使秦国走向富强的作用。汉昭帝召开盐铁会议,会上对商鞅的看法两极分化,法吏一方极力赞美商鞅,如桑弘羊说:"昔商君相秦也,内立法度，严刑罚，饬政教，奸伪无所容；外设百倍之利，收山泽之税，国富民强……有益于国，无害于人。"文学一方则指"秦怨毒商鞅之法，甚于私仇……卒车裂族夷，为天下笑。斯人自杀，非人杀之也"。

班固论商鞅之法能兼论其优劣利弊，一分为二，持论较为客观，《汉书·艺文志》评论法家说："法家者流，盖出于理官，信赏必罚，以辅礼制。《易》曰：'先王以明罚饬法'，此其所长也。及刻者为之，则无教化，去仁爱，专任刑法而欲以致治，至于残害至亲，伤恩薄厚。"《汉书·食货志》一方面说秦孝公用商鞅变法令秦国得到大利："坏井田，开仟佰，急耕战之赏，虽非古道，犹以务本之故，倾邻国而雄诸侯。"另一方面又指出其弊在于使"王制遂灭，僭差亡度。庶人之富者累巨万，而贫者食糟糠"。

至宋代，王安石在熙宁、元丰年间变法，出于同为变法者惺惺相惜的缘故，他对商鞅变法持完全肯定的态度，曾作《商鞅》诗说："今人未可非商鞅，商鞅能令政必行。"而元祐党人苏轼则激烈反对王安石变法，他议古论今，含沙射影，痛诋商鞅，实则以商鞅暗比王安石。苏轼认为商鞅变法实属毫无必要，还给秦国招来了灾祸："秦之所以富强者，孝公务本力穑之效，非鞅流血刻骨之功也。而秦之所以见疾于民，如豺虎毒药，一人作难而子孙无遗种，则鞅实使之。"清代《四库全书提要》也对商鞅及《商君书》持批评的态度，说《商君书》的唯一价值只在于令后人吸取历史教训："观于商鞅、韩非诸家，可以知刻薄寡恩之非。鉴彼前车，即所以克端治本。"

清末民国之际，国家危难，变法图强成为知识界的共识，专论变法的《商君书》重获青睐，得到极大重视。不但被广为刊刻、多次翻印，还出版了好几种《商君书》校注本，同时，商鞅的思想以及《商君书》的价值也被时人给予重新评价。章太炎率先为商鞅作翻案文章，他撰写《商鞅》一文，大为商鞅鸣不平："商鞅之中于谗诽也二千年，而今世为尤甚。其说以为，自汉以降，抑夺民权，使人君纵恣者，皆商鞅法家之说为之倡。呜乎！是惑于淫说也甚矣。"他认为商鞅之法虽然苛刻，但却使得民众大获其利："以法家之鸷，终使民生；以法家之刻，终使民膏泽。"章太炎给商鞅平反，目的是借此改革旧制、引进西方政治思想与法制："法者，制度之大名……故法家者流，则犹西方所谓政治家也，非胶于刑律而已。"民国初年，朱师辙亦作《商君书解诂》说："方今华夏共和，荡涤积秽，崇尚法治，远则西欧，而不知商君已倡于二千年前。"他认为商鞅之学虽然有毁孝悌、弃诚信的弊端，但只要"惩其失而去其疵"则"其术实足以致治"。1947年，朱师辙在《商君书解诂定本》中又重申了他三十年前的观点："夫商君变法强秦，废封建，改郡县，中国统一之基，成于商君，而其要则在法治。法贵上下共守，至公无私，故能著其效。是其治国精神，实有不可废者。"

近年来，国内学界对《商君书》的研究大多集中于版本、篇目以及作者的考证，对《商君书》的思想内容则多留意法家的法律实践，探讨法家思想的伦理意义，以及追寻、重估法家思想在先秦至汉代思想史上承前启后的作用，如徐进《商鞅法治理论的缺失》、曾振宇《由法返德：商鞅社会理想之分析》、李存山《〈商君书〉与汉代尊儒——兼论商鞅及其学派与儒学的冲突》等。以上研究对《商君书》思想的评价较为客观，大多一方面肯定其法治的贡献，另一方面也指出其毁弃仁义、过于苛刻严酷的失误，片面的功利之言与偏激之论所见不多。鉴于整个20世纪学界对《商君书》的评价受现实政治因素影响较大，近年的研究趋向尤值得继续保持与发扬。笔者以为，未来的《商君书》研究应当更加关注文本的考证与思想史的考察，梳理商鞅思想与商鞅学派思想之间的关系，析别秦法家理论与三晋法家、齐法家的同异，探寻三地法家思想脉络上的渊源。此外，《商君书》还包含很多与秦代政治制度、军事思想相关的历史资料，目前这方面的研究尚有所欠缺，也值得进一步深入挖掘。

凡　例

1. 本书所据《商君书》底本为清人严万里于乾隆五十八年刊刻的《商君书新校正》，同时参酌了《四库全书》本、孙诒让《商子校本》、朱师辙《商君书解诂定本》、高亨《商君书注译》《商君书新笺》、蒋礼鸿《商君书锥指》、张觉《商君书校注》等校注本。

2. 《商君书新校正》等校本、注本均分卷次，本书不分卷，只列篇名。《商君书》佚失的第十六篇、第二十一篇在篇首处标明。

3. 本书分为题解、原文、注释与译文四部分，每篇题解以下，按原文段落，依次编排。题解交代每篇的大略意旨，注释参考综合众说，对各家异论均一一标明。文字注解有本书作者断以己意者，在注释中直接注出。译文尽量做到直译，但因古今文体差异，故兼有意译。原书文字窜乱谬订之处，不据本文，而以考证重校后的文字译出。

目　录

更法第一 ... 1

垦令第二 ... 8

农战第三 ... 23

去强第四 ... 37

说民第五 ... 49

算地第六 ... 59

开塞第七 ... 73

壹言第八 ... 82

错法第九 ... 88

战法第十 ... 95

立本第十一 ... 99

兵守第十二 ... 102

靳令第十三 ... 107

修权第十四 ... 115

徕民第十五 ... 123

刑约第十六（亡佚） ... 135

赏刑第十七 135

画策第十八 146

境内第十九 158

弱民第二十 169

御盗第二十一（亡佚）................................. 182

外内第二十二 182

君臣第二十三 186

禁使第二十四 191

慎法第二十五 197

定分第二十六 204

文献要目 214

更法第一

[题解]

　　更法就是变法，故《商君书》将其置于首篇以开宗明义。基于世道变化的情势，秦孝公与商鞅、甘龙、杜挚三位大臣讨论变法事宜。孝公有意推行变法，但又惧怕世人非议，意志尚不坚定，遂将变法的意见交由三人讨论。三位大臣中，只有商鞅支持孝公变法，甘龙、杜挚都持反对意见。其中甘龙反对变法的理由是：变法扰动吏民，导致横议四起，君主受谤。对此，商鞅反驳说，只知道遵循旧法是愚者，而智者则创制法度，不必顾忌众人之见。针对杜挚"法古无过"的说法，商鞅指出，历史上并不存在一个固定的"古法"，所谓"古"是相对后人而言的。实际上，古人只有"当时"，古法都是古人据时因事而定的。这场辩论十分激烈，整个过程双方针锋相对，经历了几个回合的论战，最后以孝公、商鞅一方获胜而结束。

　　孝公平画，公孙鞅、甘龙、杜挚三大夫御于君①。虑世事之变，讨正法之本，求使民之道。君曰："代立不忘社稷②，君之道也；错法务明主长，臣之行也③。今吾欲变法以治，更礼以教百姓，恐天下之议我也。"

[注释]

　　①孝公，秦孝公，名渠梁（前361—前338在位）。平画，筹划。

平，治。《周礼·大司马》："以佐王平邦国。"画，计划。公孙鞅（即商鞅）、甘龙、杜挚，皆孝公之臣。司马贞《史记索隐》："甘氏，出春秋时甘昭公王子带后。"御，侍奉。此篇还见于《史记·商君列传》与《新序·善谋篇》，文字略有不同。

②代立，继承前代君主之位。社稷，国家。

③错，通"措"，设置，施行，《商君书》另有《错法》篇。务明主长，严万里本作"错法务民主张"，孙诒让认为，当如《新序·善谋篇》"务明主长"，"务民主张"误，改。主，君主。长，所长，指权势，使君主之长（权势）得以明。行，德行，准则。

[译文]

秦孝公筹划变法，公孙鞅、甘龙、杜挚三位大夫当时侍于孝公。他们考虑到世事发生的变化，讨论何为国法之本，以及如何使民的道理。孝公说："继承君位不忘关心国家社稷，这是为君之道；施行法度令君主的权势得到彰明，这是为臣的准则。现在我准备变革法度治理国家，更改礼制教化百姓，但恐怕天下之人会议论我。"

公孙鞅曰："臣闻之：'疑行无成，疑事无功。'君亟定变法之虑，殆无顾天下之议之也④。且夫有高人之行者，固见负于世；有独知之虑者，必见骜于民⑤。语曰：'愚者暗于成事，知者见于未萌⑥。民不可与虑始，而可与乐成⑦。'郭偃之法曰⑧：'论至德者不和于俗，成大功者不谋于众。'法者，所以爱民也；礼者，所以便事也。是以圣人苟可以强国，不法其故⑨；苟可以利民，不循其礼。"

孝公曰:"善!"

[注释]

④亟(jí),急切。殆,语气词,表示希冀。

⑤高人,高于众人。见负,《史记》作"非","负"与"非"同义,被人否定之义。骜,《史记》作"敖","骜""敖"都可通"謷",嘲笑。

⑥知,古同"智"。

⑦民不可与虑始,而可与乐成,与《论语》"民可使由之,不可使知之"意近。

⑧郭偃,卜偃,晋国大夫。《国语·晋语》韦昭注:"郭偃,晋大夫卜偃也。"

⑨法,效法。

[译文]

公孙鞅回答说:"我听说:'迟疑的行动不会有结果,犹疑的事无法做成功。'君主您要赶紧下定变法的决心,不要顾虑天下人如何议论。高于世俗的行为,本来就会被人们非议;有不同凡响之见解,必定会被大众嘲笑。俗语说:'愚者在事情完成之际还不明白,智者却在事情尚未开始之时就看出征兆。谋划的时刻不可告诉民众,但是可以与他们共享最后的成功。'郭偃之法说:'谈论最高道德的人不会附和俗见,做成大事的人不会与众人商量。'设置法度的目的是为了爱民,礼乐制度的存在则是为了方便百姓。因此圣人治国,只要是为了国家强大,不一定非要遵循过去的法度；只要对民众有利的事就去做，不必遵循古代的礼制。"

孝公说："好！"

甘龙曰："不然。臣闻之：'圣人不易民而教⑩，知者不变法而治。'因民而教者，不劳而功成⑪；据法而治者，吏习而民安⑫。今若变法，不循秦国之故，更礼以教民，臣恐天下之议君，愿孰察之⑬。"

公孙鞅曰："子之所言，世俗之言也。夫常人安于故习，学者溺于所闻⑭。此两者，所以居官而守法⑮，非所与论于法之外也。三代不同礼而王，五霸不同法而霸⑯。故知者作法，而愚者制焉⑰；贤者更礼，而不肖者拘焉⑱。拘礼之人，不足与言事；制法之人，不足与论变。君无疑矣。"

[注释]

⑩易，改易。

⑪劳，劳扰。

⑫吏习，官吏熟悉旧的法度。

⑬孰，古同"熟"，详细。

⑭溺，沉迷。

⑮居官，使（令）他们做官。

⑯王（wàng），称王，三代而王，夏、商、周三代的建立者夏禹、商汤与周武王。五霸，春秋五霸，具体所指有差异，一般认为是齐桓公、晋文公、楚庄王、吴王阖闾、越王勾践。

⑰制，牵制，与后文的"不肖者拘焉"的"拘"相对应，义近。

⑱肖，贤。

[译文]

甘龙说："不是这样。我听说'圣人教化百姓，不变易他们的旧俗，智者不改革法度就能使国家得到治理。'依照民众的习惯而施行教化，不用费很大劲就能成功；根据旧法进行治理，官吏熟习此道，人民也安心。今天要是变革法度，不遵循秦国的习俗，更改礼制来教化人民，恐怕天下之人会非议君主您，恳请您认真考虑。"

公孙鞅说："你所说的话，是俗人之言。常人总是因袭过去的习惯，学者常局限于个人的见闻之中。这两种人，用来任职守法是合适的，但不能与他们讨论常法之外的事情。三代之王，礼制各不相同，但都是王者；春秋五霸，法度各异，但皆为天下霸主。智者创制法度，而愚者只用遵法就够了；贤者更改礼制，而不贤之人则会被礼制拘泥束缚。拘于礼制之人，不可以与之论事；只知遵法之人，不可以跟他讨论变化。君主您不要再犹豫了。"

杜挚曰："臣闻之：'利不百，不变法；功不十，不易器⑲。'臣闻：'法古无过，循礼无邪。'君其图之⑳！"

公孙鞅曰："前世不同教，何古之法？帝王不相复㉑，何礼之循？伏羲、神农，教而不诛㉒；黄帝、尧、舜，诛而不怒㉓；及至文、武，各当时而立法，因事而制礼。礼、法以时而定；制、令各顺其宜；兵甲器备，各便其用。臣故曰：治世不一道，便国不必法古。汤、武之王也，不修古而兴㉔；殷、夏之灭也，不易礼而亡。然则反古者未必可非，循礼者未足多是也㉕。君无疑矣。"

[注释]

⑲利不百，获利不到一百倍。功，功用。器，器具。

⑳其，语气词，表示劝勉。图，考虑。

㉑复，《说文》："复，行故道也。"

㉒伏羲、神农之世，只推行教化，不兴兵征伐。伏羲，传说是人类始祖。神农，即炎帝，上古的帝王。诛，诛杀。

㉓黄帝，姓公孙，名轩辕，上古帝王，与炎帝神农同时。尧、舜，夏朝之前的上古帝王，尧传位于舜，舜传位于禹，后来禹建立了夏朝。怒，通"孥"，意为妻、子，指株连妻、子。

㉔修，遵循。

㉕多，重视，称赞。

[译文]

杜挚说："我听说：'获利不到一百倍，就不变法；功用不增加十倍，就不改换器具。'我还听说：'效法古人不会有过错，遵循礼制不会有奸邪。'君主您一定要仔细考虑啊！"

公孙鞅说："古代的教化方法各不相同，所谓古法是哪家之法？前朝的帝王都不沿袭故道，今人又遵循哪家之礼？伏羲、神农的时代为政宽和，对叛逆者进行教化而不征讨；到了黄帝、尧、舜时代，虽然征讨叛逆但不累及家人；周文王、武王的时候，顺应当时的形势而各自立法，依据具体的事宜制定礼乐。礼乐与法度都要因时而定；规章、命令要本着合适的原则；兵甲器械的制作，应以方便使用为准。因此我说：治理国家没有一定的准则，只要对国家有好处就去做，不必效法古代。商汤与周武王不遵循旧法而使国家兴盛，殷纣与夏桀不改变旧的礼制而使国家灭亡。这样看的话，违反古法的人未必就当遭人非议，遵守旧礼的人也不见得就该受到赞扬。君主您就不要迟疑了。"

孝公曰："善！吾闻穷巷多怪㉖，曲学多辩㉗。愚者之笑，智者哀焉；狂夫之乐，贤者丧焉㉘。拘世以议㉙，寡人不之疑矣。"于是遂出垦草令㉚。

[注释]

㉖穷巷，僻陋之巷，居于穷巷，比喻狭隘之人。怪，严本作"咨"，《新序》作"怪"，据《新序》改。

㉗曲学，偏执一端之见。曲，一隅，不周遍之义。

㉘愚者、狂夫所乐之事，必为智者、贤者之哀。

㉙拘世，拘于世人成见。

㉚垦草令，孝公变法所颁布的开垦荒地之令。

[译文]

孝公说："好！我听说住在陋巷的人有大惊小怪的毛病，而学问偏执一端的人，喜欢发议论争执不休。愚者心怡之事，往往是智者的哀伤；当狂妄的人乐此不疲，贤明者就会为之悲痛。那些因拘泥世事而发出的议论，我不会再感到疑惑了。"于是，孝公发布了《垦草令》。

垦令第二

[**题解**]

垦令,即垦荒之令。《更法》篇末提到秦孝公发布垦草令,故《商君书》第二篇《垦令》紧接上篇而来,但从行文看,其并不是《更法》提到的《垦草令》条文,而是包含条令本身以及商鞅对出台条令所作的说明。《垦令》提出"无宿治""訾粟""废逆旅""壹山泽""重租税""重刑连罪"等二十条禁令,涉及地税、商税、徭役、国家专卖、任官制度、户籍管理、刑法等各个方面。文章相应地分为二十个自然段,每段末尾语句一致,均为"则草必垦矣",将二十条禁令的目的点明:都是为了垦荒。《垦令》条令体现出来的精神是重农贱商,极尽可能地打击、削弱商人之势,降低其盘剥农民的能力,纾解农民的物质困境,排除他们的顾虑,增强其从事农业的积极性。同时,禁止士人游说讲学,约束官员的惰政、贪腐行为,对贵族依仗特权蔑视法律的行为也作出了严厉制裁。

无宿治①,则邪官不及为私利于民②。而百官之情不相稽③,则农有余日④;邪官不及为私利于民,则农不败⑤。农不败而有余日,则草必垦矣。

[**注释**]

①无,禁止之辞。宿治,指将政务拖延到第二天才处理。宿,留。
②为,求。

③惰，事情，指与农业有关的公务。稽，留。

④余日，指农民有更多时间务农。

⑤败，害。

[译文]

不准官员拖延行政事务，那些奸邪之官就来不及向民众求取好处。百官及时办公，农事得到及时处理，农民就会有更多时间来务农；奸邪之官来不及求取好处，农民就不会受到损害。农民不受损害，又有时间务农，荒地就会得到开垦。

訾粟而税⑥，则上壹，而民平⑦。上壹，则信；信，则臣不敢为邪⑧。民平，则慎⑨；慎，则难变⑩。上信而官不敢为邪，民慎而难变，则下不非上，中不苦官。下不非上，中不苦官，则壮民疾农不变⑪。壮民疾农不变，则少民学之不休⑫。少民学之不休，则草必垦矣。

[注释]

⑥訾粟而税，量一亩所收粟的产量而制定租税。訾，量。《淮南子·原道训》："息耗减损，通于不訾。"

⑦壹，指（租税制度）统一。平，公平。

⑧臣不敢为邪，据下文，"臣"字当为"官"。

⑨慎，谨慎。

⑩变，改变心意，在此处当指改业。

⑪疾，犹急也。

⑫少民，年少者。

[译文]

根据粮食产量征收租税，国家税法统一，民众就得到公平。税法统一，朝廷就有了信用；朝廷有了信用，官吏就不敢为奸邪之事。民众得到公平，行事就会谨慎小心；行事谨慎小心，就不会轻易改业。朝廷有信用，官吏不敢做坏事，民众谨慎小心不改旧业，于是下不非议君主，中不受官吏盘剥之苦。不非议君主，不受官吏盘剥，年壮者就会汲汲于务农，年少者也会向他们学习不止。年少者不断学习务农，则荒地就必定得到开垦了。

无以外权爵任与官⑬，则民不贵学问，又不贱农⑭。民不贵学，则愚；愚，则无外交；无外交，则国安而不殆⑮。民不贱农，则国勉农而不偷⑯。国家不殆，勉农而不偷，则草必垦矣。

[注释]

⑬以外权爵任与官，指依靠外国势力在国内获取官爵。爵，赐爵。任，任用。与官，给予官职。《韩非子·五蠹》篇有"以外权市官于内"句，与此意相同。战国时期，游士在列国之间奔走游说诸侯，凭借一国之势，在另一国获得官爵，这种现象在当时比较常见。

⑭贱农，以务农为卑贱。

⑮殆，危险。

⑯勉，勤勉。

[译文]

不让那些游士凭借外国势力在国内获得官爵，民众就不尊崇学术，也不会以务农为卑贱。民众不看重学术，就会保持蒙昧状态；民众蒙昧，就不会与外国结交；不与外国结交，国家就会安全而无危险。民众不以务农为贱，就会勤勉农事而不偷懒。国家安全，民众勤勉不偷懒，荒地就会被开垦出来。

禄厚而税多，食口众者，败农者也⑰。则以其食口之数贱而重使之，则辟淫游惰之民无所于食⑱。民无所于食，则必农；农，则草必垦矣。

[注释]

⑰税多，指贵族在封邑向农民征税。食口，吃闲饭的人，贵族门下养的仆役以及食客、游士众多，都是不事生产、依靠农民养活之人。

⑱贱，孙诒让说："贱当为赋之误。"重，加重。使，徭役。辟淫游惰，指上句说的食口者。辟，邪。无所，没地方。

[译文]

贵族俸禄优厚，又在封邑征税多，家中还豢养众多吃闲饭的人，这些都是败坏农事的。对豢养的人口应该按照其具体人数征收赋税，加重他们的徭役。那么，邪辟、放荡、游手好闲的懒惰之人就没地方吃饭了。这些人没地方吃饭，就只好去务农。务农，荒地就会被开垦出来。

使商无得籴，农无得粜⑲。农无得粜，则窳惰之农勉疾⑳。商不得籴，则多岁不加乐㉑。多岁不加乐，则饥岁无裕利㉒。无裕利，则商怯；商怯，则欲农。窳惰之农勉疾，商欲农，则草必垦矣。

[注释]

⑲籴（dí），买入粮食。粜（tiào），卖出粮食。

⑳窳（yǔ），惰怠。《资治通鉴》："不以窳怠蠲其庸。"

㉑多岁，丰年。

㉒裕利，多余之利，指借此牟利。

[译文]

禁止商人私自买入粮食，禁止农民私自卖出粮食。农民不能私自卖粮，那么懒惰者就会勉于农事。商人不得买入粮食，那么丰饶之年就不能以贩卖粮食谋取厚利来增加享乐，没有丰年的厚利，饥荒之年也就不能依靠囤积居奇而发财。不能投机发财，商人就会畏惧经商；商人畏惧经商，就会转而务农。懒惰的农民勤勉农事，商人也想去务农，荒地就会被开垦了。

声服无通于百县㉓，则民行作不顾，休居不听㉔。休居不听，则气不淫㉕。行作不顾，则意必壹㉖。意壹而气不淫，则草必垦矣。

[注释]

㉓声服,声色技艺、奇服器玩之类。

㉔行作,耕作劳动。顾,观看。休居,休息。

㉕淫,浮荡。

㉖壹,专一。

[译文]

声色器玩之类不许在各县地方流行,这样民众在劳作的时候就看不到,休息的时候也听不到。休息时听不到,那么精神就不会浮荡。劳作时看不到,意志就会专一。意志专一,精神不浮荡,荒地就会得到开垦。

无得取庸,则大夫家长不建缮㉗,爱子惰民不窳㉘,而庸民无所于食,是必农。大夫家长不建缮,则农事不伤。爱子、惰民不窳,则故田不荒。农事不伤,农民益农㉙,则草必垦矣。

[注释]

㉗庸,雇工。建缮,营建修缮宫室。

㉘严本"爱子"后有"不惰食"三字,与后句文意雷同,为衍文,删去。

㉙农民益农,陶鸿庆认为,第一个"农"字当为"庸"之误。

[译文]

禁止雇佣工人,大夫家长就不能营建修缮屋宅,他们的爱子以及懒惰之民就不敢懈怠，只好亲自耕作，而雇工没地方吃饭，也只好务农。大夫家长不营建修缮房屋，农事就不会受到妨害；他们的爱子与惰民不偷懒，农田就不会荒芜。农事不受到妨害，庸工转而投身于农作，荒地就会得到开垦了。

废逆旅㉚，则奸伪、躁心、私交㉛、疑农之民不行，逆旅之民无所于食，则必农。农，则草必垦矣。

[注释]

㉚逆旅，古代的旅店。

㉛私交，指私自结交外人。

[译文]

废除旅社，那么奸伪、躁狂、私自结交外人、以声色迷惑农民的人就不能在外面远行了，开设旅社的人没饭吃，也只好务农。务农，荒地就会得到开垦。

壹山泽㉜，则恶农、慢惰、倍欲之民无所于食㉝。无所于食，则必农。农，则草必垦矣。

[注释]

㉜壹山泽，朱师辙说："谓专山泽之禁，不许妄樵采佃渔。"

㉝倍欲，欲望倍于常人。

[译文]

国家专有山泽之利,那么厌恶农事的人、懒惰怠慢的人、多欲之人就没地方吃饭。没地方吃饭,就只好去务农。务农,荒地就会得到开垦。

贵酒肉之价,重其租,令十倍其朴㉞,然则商贾少,农不能喜酣奭,大臣不为荒饱㉟。商贾少,则上不费粟。民不能喜酣奭,则农不慢。大臣不荒,则国事不稽,主无过举㊱。上不费粟,民不慢农,则草必垦矣。

[注释]

㉞朴,本,指成本。

㉟酣,酒酣。奭(shì),《说文》:"奭,盛也。"荒饱,荒淫醉饱。

㊱过举,过错之举。

[译文]

国家提高酒肉的售价,加重租税,令其相当于成本的十倍,这样贩卖酒肉的商人就少了,农民也没机会痛饮,大臣则不至于荒淫醉饱。卖酒的商人少了,国家就节省了粮食。农民没机会酗酒,就不会怠慢农事。大臣不荒淫醉饱,交办的公事就不会耽误,这样君主也就不会有过错了。国家不浪费粮食,农民不怠慢农事,荒地就会得到开垦。

重刑而连其罪㊲,则褊急之民不斗,很刚之民不讼㊳,怠惰之民不游，费资之民不作，巧谀、恶心之民无变也㊴。五民者不生于境内，则草必垦矣。

[注释]

㊲商君立连坐之法，一人有罪，父母妻子兄弟连坐，一家有罪，邻里连及。

㊳褊（biǎn）急，性情偏激狭隘。很，狠。

㊴巧谀，花言巧语，阿谀奉承。恶心，有恶意。变，高亨说："变当借为谝，《说文》：'谝，便巧言也。'"朱师辙解"变"为"变诈"，从朱说。

[译文]

加重刑罚，设立连坐之法，那么偏激狭隘之人就不敢争斗，强狠之人也不敢打官司，急慢懒惰之民不到处游荡，不事生产的闲人不会出现，阿谀奉承、心怀恶意的人也不敢欺诈。国家没有这五种人存在，荒地就会得到开垦。

使民无得擅徙，则诛愚㊵。乱农农民无所于食㊶，而必农。愚心、躁欲之民壹意㊷，则农民必静。农静、诛愚，则草必垦矣。

[注释]

㊵擅，擅自。诛，与"愚"义近。

㊶乱农农民,第二个"农"字为"之"字之误。

㊷壹意,意志专一。

[译文]

禁止民众擅自迁徙,民众就会保持蒙昧。那些迷惑农民的人就没地方吃饭,一定会转而务农。愚昧躁狂之人专心于农事,农民就会安静。农民安静而蒙昧,荒地就会得到开垦。

均出余子之使令㊸,以世使之,又高其解舍㊹,令有甬官食概㊺。不可以辟役,而大官未可必得也,则余子不游事人㊻,则必农。农,则草必垦矣。

[注释]

㊸余子,长子之外的庶子。

㊹世,朱师辙认为"世"乃"册"字之误。高其解舍,提高减免的条件。高,提高。解舍,减免。

㊺甬官,主管徭役之官。甬,役。食概,按量给食。食,给食。概,量。

㊻游事,出游以求官职。

[译文]

令大夫的庶子们平均地服事徭役,按照名册役使他们,又提高减免徭役的条件,让主管徭役之官按量给食。不允许逃避徭役,他们想做大官的目的就不一定能实现,于是他们就不外出周游以求官职,而是会投身农事。投身农事，荒地就会得到开垦。

国之大臣诸大夫，博闻、辩慧、游居之事㊼，皆无得为，无得居游于百县，则农民无所闻变见方㊽。农民无所闻变见方，则知农无从离其故事㊾，而愚农不知，不好学问。愚农不知，不好学问，则务疾农。知农不离其故事，则草必垦矣。

[注释]

㊼博闻，博学记闻。游居，出游。

㊽变，变诈。方，朱师辙认为，"方"当作"放"，解为"放效"。放效，即模仿、效法。

㊾故事，旧业。

[译文]

国家的诸位大臣、大夫，不允许从事博学记闻、巧辩、出游等行为，也不允许在各县游荡，如此则农民听不到变诈之事，也见不到这些行为，就无从效仿。这样有见识的农民就不会离开旧业，而那些愚昧的农民则不喜好学问。愚昧的农民不好学问，就会更加努力务农。有见识的农民不改旧业，荒地就会得到开垦。

令军市无有女子㊿。而命其商，令人自给甲兵，使视军兴㈤；又使军市无得私输粮者。则奸谋无所于伏㈥，盗输粮者不私稽㈦，轻惰之民不游军市。盗粮者无所售，送粮者不私㈧，轻惰之民不游军市，则农民不淫，国粟不劳㊽，则草必垦矣。

[注释]

㊾军市，军队专用的市场。

㊿视，观察。兴，发动，出发。

㊾伏，藏。

㊾高亨认为，此句当为"盗粮者无所售，输粮者不私稽"。

㊾高亨认为，"私"字下少一"稽"字，据上下文所证，高说是。

㊾劳，疲劳，此处引申为折耗、耗费。

[译文]

不许军市中有女子出入，命令在军市的经商者自备盔甲和兵器，让他们随时注意观察军队的行动准备出发，禁止私自运输军市之粮。如此则奸谋无所隐藏，偷盗军粮者无处销售，私运军粮者不敢擅自停留拖延，轻浮游惰之民不敢在军市游逛。偷盗军粮者无处销售，私运军粮的人不敢私自拖延，轻浮游惰之民不敢在军市游荡，那么，农民就不会浮荡，国家储备的粮食就不会过度消耗，荒地就会得到开垦。

百县之治一形㊻，则从迁者不敢更其制㊼，过而废者不能匿其举㊽。过举不匿，则官无邪人。迁者不饰，代者不更㊾，则官属少而民不劳。官无邪，则民不敖㊿；民不敖，则业不败。官属少，征不烦㊶。民不劳，则农多日。农多日，征不烦，业不败，则草必垦矣。

［注释］

(56)一形，统一，划一。

(57)从迁，王时润认为“从迁”乃“徙迁”之误，“迁”当为“迁”，与后文“迁者不饰”同。徙迁者，指离任或新任的官吏。徙迁即后文所说“迁者”“代者”，迁者为离职的旧官，代者为新任官。

(58)过，过错。废，废弛政事。举，行为。

(59)迁者，当为“迁者”，参注(57)，指前任官吏。代者，指后任官吏。

(60)敖，遨，游逛。

(61)烦，烦多。

［译文］

各县的政令统一，到期的离任官员和新到任的官员就不敢更改原制度，做错事的官吏就不能隐藏他的错误。错误不能隐藏，官吏就不能做奸邪之事。前任的官吏不矫饰自己的行为，新任的官吏不更改制度，官员的属吏就会减少，民众就不会穷于应付。官吏不做奸邪之事，农民就不会到处游逛；农民不到处游逛，农事就不会受到损害。官员的属吏减少，向农民征收赋税就不会烦多。农民不劳累，就会有闲暇。农民有闲暇，征收不烦多，农事就不会受到损害，荒地就会得到开垦。

重关市之赋，则农恶商，商有疑惰之心。农恶商，商疑惰，则草必垦矣。

[译文]

加重关税,农民就会讨厌经商,商人也会对经商产生怀疑懈怠之心。农民讨厌经商,商人怀疑懈怠,荒地就会得到开垦。

以商之口数使商,令之厮、舆、徒、重者必当名㉖,则农逸而商劳。农逸,则良田不荒;商劳,则去来赍送之礼无通于百县㉖。则农民不饥,行不饰㉖。农民不饥,行不饰,则公作必疾,而私作不荒,则农事必胜㉖。农事必胜,则草必垦矣。

[注释]

㉖厮,砍柴者。舆,驾车者。徒,服劳役的人。重,当为"童",童仆。四者都是仆役之名。当名,按照官府的名册服徭役。

㉖赍(jī),赠送。

㉖饰,装饰,打扮。此处引申为礼仪排场之类。

㉖胜,兴盛。

[译文]

以商人的实际人口数派遣徭役,使他们豢养的仆役之类都按照名册服役,这样的话农民就得到安逸,而使商人劳苦了。农民安逸,良田就不会荒芜;商人劳顿,就没余力将人们用来迎来送往的礼物运往各县地方贩卖。如此农民就不会挨饿,也不用铺排礼仪、讲排场浪费钱财。农民不挨饿,不用应酬礼数,就会用心于公事,同时他们个人的私活也不会荒废,这样农事必定兴盛。农事兴盛,荒地就会得到开垦。

令送粮无取僦(66)，无得反庸(67)，车牛舆重设必当名(68)。然则往速来疾，则业不败农(69)。业不败农，则草必垦矣。

[注释]

(66)僦（jiù），雇人运送。

(67)反庸，返回时搭载私人的货物。

(68)行役车、牛所载货物的重量在出发与回来时都要登记验证。设，当为“役”之误。

(69)业，事。

[译文]

禁止送粮时雇工，返回时也不许搭载私人的货物，行役的货物出发前要登记，回来时也要验证是否相符。如此运粮就会来去迅速，行役不伤害农事。行役不伤害农事，荒地就会得到开垦。

无得为罪人请于吏而饷食之(70)，则奸民无主(71)。奸民无主，则为奸不勉(72)，为奸不勉，则奸民无朴(73)。奸民无朴，则农民不败。农民不败，则草必垦矣。

[注释]

(70)饷，馈，馈送。

(71)奸民无主，犯罪者没有人主使与支持。

⑫为奸不勉,为奸不免于刑罚。勉,免。严本"为奸不勉"下有"农民不伤"四字,据俞樾所据本、陈仁锡本改。

⑬奸民无朴,奸民找不到依附。俞樾说:"朴之言朴属也。"朴本义为树之本,树本有根系相连,故引申为附属。

[译文]

不许任何人向官吏求情并为罪人送饭,这样罪犯就无人支持。罪犯无人支持,就难逃刑罚。难逃刑罚,奸民就找不到依附。奸民无人可依附,农民就不会受到损害。农民不受损害,荒地就会得到开垦。

农战第三

[题解]

农战包括农耕与战斗。商鞅认为,这两样是国家兴盛的基石。从事农战的两种人——农夫与士兵才是国家、社会真正需要的人,而其他各业都是不必要的。国家的存在与稳定,需要有一种将社会各阶层团结起来的凝聚力,即"抟力",这个抟力就是农战。损害农民的是商贾,引诱农民的是技艺之民,败坏社会风气、迷惑农民的是游士——一种为出口必言《诗》、《书》、礼、乐的儒者,另一种为卖弄纵横之术、四处游说诸侯以求取官爵的辩士。国家要强大,必须维护农夫与战士的利益。要想维护二者的利益,就必须尽可能压制商贾、技艺之民与游士这三种人,使得他们不能从农夫与战士身上获得任何好处。《农战》篇所描写的君主宠信游士、辩者成群、农业荒废、上下不安、国家危殆的情形,似乎不太符合秦国的现实,故有人质疑此篇是后人所编,但仅凭此点似乎论据不足，商鞅文中所言也可能是借六国的时弊以为警示，或故作假设之辞来启发孝公。

凡人主之所以劝民者①，官爵也；国之所以兴者，农战也。今民求官爵，皆不以农战，而以巧言虚道，此谓劳民②。劳民者，其国必无力；无力者，其国必削③。

[注释]

①劝，勉励。

②虚道，华而不实的道理。劳民，谓奸巧的人。

③削，国土被削夺。

[译文]

君主用来劝勉民众努力的办法是加官晋爵，国家之所以兴盛的原因是农耕和战斗。现在民众想要追求官爵，但不以农耕和战斗得之，而是以花言巧语和故弄玄虚的说教求取，这就叫奸巧的人。民众奸巧，国家必然无力，国家无力，土地必然会被人削夺。

善为国者，其教民也，皆作壹而得官爵④，是故不官无爵⑤。国去言则民朴⑥；民朴，则不淫。民见上利之从壹空出也⑦，则作壹；作壹，则民不偷营⑧；民不偷营，则多力；多力，则国强。今境内之民皆曰："农战可避而官爵可得也。"是故豪杰皆可变业，务学《诗》《书》，随从外权⑨，上可以得显，下可以求官爵；要靡事商贾⑩，为技艺，皆以避农战。具备⑪，国之危也。民以此为教者，其国必削。

[注释]

④作壹，做事专一，指农战。

⑤高亨认为，此处少"不作壹"三字，当为"是故不作壹，不官无爵"。

⑥去言，废除浮言。

⑦空，孔，孔窍，引申为途径。《弱民》篇有"利出一孔"句，与此义同。

⑧营，谋求。

⑨外权，国外势力。

⑩要靡，地位低微的人。王时润认为，"要靡"当读为"幺麼"，与上句"豪杰"对言同义。王说是。

⑪具备以上情形。

[译文]

善于治国者，会教化民众专一从事农战，以此来求取官爵，不从事农战就得不到官爵。国家取缔浮言，民众就变得淳朴；民众淳朴，就不放荡。民众看到君主赏赐的官爵只能从农战这唯一的途径获得，就会专心于农战；专心农战，就不会苟且谋求其他事；民众不苟且谋求其他事，力量就大；力量大，国家就强。现在境内之民都说："逃避农战，照样可以获得官爵。"于是才能出众的人就改易旧业，去学习儒家的《诗经》

《尚书》，追随国外势力，上可以得到荣耀，下可以求官爵；底层的人也纷纷去经商，学习技艺，这都是为了逃避农战。具备以上情况，国家就危险了。这样来教化民众，国土必然被削夺。

善为国者，仓廪虽满，不偷于农⑫；国大、民众，不淫于言⑬，则民朴壹。民朴壹，则官爵不可巧而取也。不可巧取，则奸不生。奸不生，则主不惑。今境内之民及处官爵者，见朝廷之可以巧言辩说取官爵也，故官爵不可得而常也⑭。是故进则曲主，退则虑私，所以实其私，然则下卖权矣⑮。夫曲主虑私，非国利也，而为之者，以其爵禄也；下卖权，非忠臣也，而为之者，以末货也⑯。然则下官之冀迁者皆曰⑰："多货，则上官可得而欲也。"曰："我不以货事上而求迁者，则如以狸饵鼠尔⑱，必不冀矣；若以情事上而求迁者⑲，则如引诸绝绳而求乘枉木也⑳，愈不冀矣。二者不可以得迁，则我焉得无下动众取货以事上而以求迁乎？"百姓曰："我疾农，先实公仓，收余以食亲㉑；为上忘生而战，以尊主安国也。仓虚，主卑，家贫，然则不如索官。"亲戚交游合，则更虑矣㉒。豪杰务学《诗》《书》，随从外权；要靡事商贾，为技艺，皆以避农战㉓。民以此为教，则粟焉得无少，而兵焉得无弱也？

[注释]

⑫廪（lǐn），仓。偷，偷懒，怠惰。

⑬淫，迷惑。

⑭常，常规，指农战。

⑮曲，曲意逢迎，讨好。卖权，卖弄权势。

⑯末，《广雅》："末，逐也。"

⑰冀，希冀。迁，升迁。

⑱狸饵鼠，以狸猫作为诱饵来捕鼠。饵，诱饵。

⑲情，实。

⑳高亨说此句意为"牵着断了的绳子而想爬上弯树"，蒋礼鸿认为说的是"缘绳以升竿木"，皆误。朱师辙解"乘"字为"桀"之误，"乘枉木"为栎杙弯木。然"乘"字本来就有"修治"之义。《诗经·豳风·七月》："亟其乘屋。"郑玄注："乘，治也。"以断绳来给弯木取直。绝，断绝。绳，木工所用绳墨之绳。乘，治。枉，弯曲。

㉑食（sì），供养。

㉒交游，朋友。合，迎合，赞同。更，更改。

㉓此句与上一段末尾的文字义同。

[译文]

善于治理国家者，粮仓虽然充满，也不敢对农事放松；国家大，人口多，不迷惑于浮言，民众就会变得朴实、专一。民众朴实、专一，就不可能用投机取巧的手段获取官爵。不可能投机取巧，就不会产生奸邪。不生奸邪，国君就不会被迷惑。现在国内的民众以及官吏，看到通过巧言辩说可以在朝廷获取官爵，官爵的授予没有常规可言。因此他们进则曲意逢迎君主，退则为私人的利益盘算，所做的都是如何充实自己的私利，这样，他们就会在下面卖弄权势。逢迎国君，盘算私利，就不利于国家，这样做的人，是为了个人的爵禄；在下面卖弄权势，不是忠臣当为之事，这样做的人，是为了追逐财货。然而下面那些想要升迁的官吏都这么说："钱财够多，就能实现当官的欲望。"还说："我不向上级行贿，想要升官，就像拿狸猫作为诱饵来捕鼠一样，毫无希望；如果以诚意来侍奉上级以求升官，就像拿断绳来给弯木矫直一样，更无希望了。既然二者不得升迁，那我怎么能不扰动下面民众，榨取钱财侍奉上级来求官呢？"百姓则说："我努力务农，先充实公家的粮仓，继而收集剩下的粮食以供养双亲；为君主舍生忘死地作战，是为了维护君主的尊严，使国家安定。但实际上公家的仓库却变得空虚了，国君的地位下降了，我自己也陷入了贫困。既然如此，还不如去求取官爵呢！"亲戚、朋友也这样赞同他，他就改变了过去（一心农战）的想法。于是豪杰之士就改易旧业，去学习儒家的《诗经》《尚书》，追随国外势力；底层的人也纷纷去经商，学习技艺，这都是为了逃避农战。这样来教化民众，粮食怎么可能不减少？士兵怎么可能不变弱？

善为国者，官法明，故不任知虑[24]。上作壹，故民不偷营[25]，则国力抟。国力抟者强，国好言谈者削。故曰：农战之民千人，而有《诗》《书》辩慧者一人焉，千人者皆怠于农战矣。农战之民百人，而有技艺者一人焉，百人者皆怠于农战矣。国待农战而安，主待农战而尊。夫民之不农战也，上好言而官失常也。常官则国治，壹务则国富。国富而治，王之道也。故曰：王道作外，身作壹而已矣[26]。

[注释]

㉔知虑,指多智而有计谋的人。

㉕俭,陶鸿庆认为乃"偷"字之误。

㉖外,表。朱师辙说:"按《广雅》:'外,表也。'王道当作天下表率,以身作壹而已矣。"作,高亨认为"作"乃"非"字之误。

[译文]

善于治理国家的,国家法度严明,不任用那些多智而有计谋的人。君主意志专一地推行农战,民众也不懒惰,不投机取巧,国力就凝聚起来。国力凝聚起来,国家就强大,国家崇尚空谈,国土就会被削夺。因此说:国家虽有农战之民千人,但只要有一人学习《诗经》《尚书》,好言善辩,那么这千人就都会懈怠于农战。国家虽有农战之民一百,但只要有一人学习技艺,那么这一百人就都会懈怠于农战。国家依靠农战才得以安定,君主依靠农战才得到尊崇。民众不事农战,是因为君主喜好浮言,官制没有了常规。官制有常规,则国家就能得到很好的治理,专心于农战,国家就会富裕。国家富裕又治理得当,这就是王道。所以说,王道成为天下的表率,这是君主专心推广农战所致。

今上论材能知慧而任之,则知慧之人希主好恶,使官制物,以适主心㉗。是以官无常,国乱而不壹,辩说之人而无法也。如此,则民务焉得无多?而地焉得无荒?《诗》、《书》、礼、乐、善、修、仁、廉、辩、慧,国有十者㉘,上无使守战。国以十者治，敌至必削，不至必贫。国去此十者，敌不敢至，虽至必却；兴兵而伐，必取；按兵不伐㉙，必富。国好力者以难攻，以难攻者必兴；好辩者以易攻，以易攻者必危㉚。故圣人明君者，非能尽其万物也，知万物之要也㉛。故其治国也，察要而已矣。

[注释]

㉗希，与"睎"同，望也。引申为观察，窥探。制物，处理事务。适，迎合之义。

㉘十者，此十种，前八种为儒家所提倡者，后二者为游士所擅长之事。

㉙按兵，不发兵。

㉚农战而积聚实力很难做到，空谈却很容易。力，农战而得的实力。难，高亨说："难，指实力，实力是难有的东西。"易，空谈。

㉛尽万物之性，通晓万物，利用万物。要，要领。

[译文]

现在君主按照才能与智慧来任用官吏，多智谋的人窥伺君主的心理，处理事务专为迎合君主之意。因此官制无常规，国家混乱而无统一政策，巧言之人目无法纪。这样下去，民众要从事的职业怎么可能不烦多？田地怎么可能不荒芜？《诗经》、《尚书》、礼、乐、善、修、仁、廉、辩、慧，国家有这十种东西，君主就不要指望有能守土作战的人了。以这十种东西治国，敌人来了，国土必然被削夺，即使敌人不来，国家也会变得贫穷。如果去除这十种东西，敌人就不敢来，即使来了也会退却；兴兵攻伐敌人，必定会取得胜利；不兴兵攻伐，国家也会富裕。国家重视农战得来的实力，这个实力不易积累起来，以此对付敌人，国家必定会兴盛起来；崇尚空言浮辩很容易，但以此来对付敌人，国家就危险了。所以圣人明君不是说一定要通晓万物之性，而是贵在知道要领。他们治理国家，做到察知要领（农战）就足够了。

今为国者多无要。朝廷之言治也，纷纷焉务相易也㉜。是以其君惛于说㉝，其官乱于言，其民惰而不农。故其境内之民，皆化而好辩、乐学，事商贾，为技艺，避农战。如此，则不远矣㉞。国有事，则学民恶法，商民善化，技艺之民不用，故其国易破也。夫农者寡而游食者众，故其国贫危。今夫螟、螣、蚼蠋春生秋死㉟，一出而民数年不食。今一人耕而百人食之，此其为螟、螣、蚼蠋亦大矣。虽有《诗》《书》，乡一束，家一员，独无益于治也，非所以反之之术也㊱，故先王反之于农战。故曰：百人农，一人居者王㊲，十人农，一人居者强，半农半居者危。故治国者欲民之农也。国不农，则与诸侯争权，不能自持也㊳，则众力不足也。故诸侯挠其弱㊴，乘其衰㊵，土地侵削而不振，则无及已。

[注释]

㉜相易，改变对方的意见。

㉝惛，迷惑。

㉞不远，离国家灭亡不远。

㉟螟（míng），据《尔雅》载，螟乃食苗心之虫。螣（tè），食叶之虫。蚼蠋（qú zhú），高亨、朱师辙谓蚼蠋为乌蠋，吃桑叶、禾叶之虫。

㊱束，捆。员，高亨谓一员即一卷。战国时称员，汉以后称卷，捆、卷都指书简。独，陶鸿庆说"独"为"犹"字之误。反，反转，指反贫为富，反弱为强。

㊲居，闲居。

㊳自持，自保。

㊴挠，屈。

㊵乘，欺凌。

[译文]

现在治国者多不得要领。朝廷里谈到如何治国时议论纷纷，都想说服对方、改变对方的主张。君主被这些说法迷惑，官员们也被各种言论搞得思想混乱，民众变得懒惰，不愿务农。境内的人民都变得喜欢辩论，热衷学问，从事经商，学习技艺，逃避农战。这样的话，国家离灭亡就不远了。国家一旦有事生变，那些学者厌恶法度，商人精于投机变通，技艺之人不为所用，国家就容易破亡。农民少而不事耕作的游民多，国家就变得贫穷和危险了。就如螟、螣、蚼蠋这些春生秋死的害虫，一旦在田间出现，农民几年都吃不上饭。现在一人耕田，要养活百人，这些吃闲饭的人，不过是比螟、螣、蚼蠋大一号的害虫罢了。就算每家、每乡都有成卷成捆的《诗经》《尚书》，但仍然无助于治国，这些根本就不是能够让国家反贫为富、反弱为强的方法。先王反贫为富、反弱为强，都是依靠农战来实现的。因此说，百人耕作、一人闲居的国家就能称王，十人耕作、一人闲居的国家也能强大，一半人耕作、一半人闲居的国家就危险了。因此，治理国家的人都希望民众来务农。国家农业不发达，与别国诸侯争斗就不能自保，因为民众的力量不充足。这时候诸侯就会趁它软弱来侵犯，趁它衰微来欺凌，国土被削夺，国力不振，一切就来不及拯救了。

圣人知治国之要，故令民归心于农。归心于农，则民朴而可正也，纷纷则易使也㊶，信可以守战也。壹则少诈而重居，壹则可以赏罚进也，壹则可以外用也㊷。夫民之亲上死制也㊸，以其旦暮从事于农。夫民之不可用也，见言谈游士事君之可以尊身也，商贾之可以富家也，技艺之足以糊口也。民见此三者之便且利也，则必避农。避农，则民轻其居。轻其居，则必不为上守战也。凡治国者，患民之散而不可抟也，是以圣人作壹，抟之也。国作壹一岁者，十岁强；作壹十岁者，百岁强；作壹百岁者，千岁强；千岁强者王。君修赏罚以辅壹教，是以其教有所常，而政有成也。

[注释]

㊶纷纷，高亨认为，"纷纷"为"纯纯"之误，纯纯，诚恳之貌。

㊷外用，用来对外（作战）。

㊸制，法令，为法令而死。

[译文]

圣人知道治国的要领，所以让民众归心于农事。归心于农事，民众就淳朴，容易治理，忠厚便于役使，有诚信就可以守土战斗。专一务农，则奸诈减少，安于定居；专一务农，可以用赏罚来使他们上进；专一务农，也可以用他们来对外作战。民众亲近君主，愿意为君主的法令而死，是因为他们心无旁骛，每天做的事情就是务农。民众不可以役使，是见到那些辩士凭借蛊惑君主就获得尊荣，商人贩卖货物而发财致富，技艺百工也可以轻易养家糊口。民众见到这三种人的职业既轻松又能获利，必定会逃避务农。逃避务农，民众就会轻易迁徙到别处。轻易迁徙，民众就不会为国家守土作战。治理国家，最担心的是民众涣散，不可凝聚，所以圣人用专一农耕和战斗来凝聚力量。国家专一农耕和战斗一年，就会强大十年；专一农耕和战斗十年，就会强大百年；专一农耕和战斗百年，就会强大千年；强大千年的，就会成为王者。君主修正赏罚以辅助农耕和战斗的教化，所以教化有常规，治理也就见效了。

王者得治民之至要，故不待赏赐而民亲上，不待爵禄而民从事，不待刑罚而民致死㊹。国危主忧，说者成伍㊺，无益于安危也。夫国危主忧也者，强敌大国也。人君不能服强敌、破大国也，则修守备，便地形㊻，抟民力，以待外事，然后患可以去，而王可致也㊼。是以明君修政作壹，去无用，止浮学事淫之民，壹之农，然后国家可富，而民力可抟也。

[注释]

㊹致死，效命。

㊺成伍，成群。

㊻便地形，高亨认为，"便"乃借为"辨"，别也。即审别地形，以为守战之备也。

㊼可致，可成就。

[译文]

王者掌握了治民的要领，不用赏赐，民众就自然亲近君主；不等待爵禄，民众就会努力做事；不需要刑罚，民众就会为法令而效命。国家陷于危险，君主为此发愁，争辩的人成群结队，但也无益于国家的安危。国家危殆，主上忧心的是外部的强敌大国。君主不能令强敌顺服，击破大国，那么就要修整防御的设施，考察有利的地形，凝聚民力，来应付外来的事件，然后外患就会解除了，而王道事业也就可以成就。因此圣明的君主改良政治，专一农耕和战斗，除去无用之事，禁止民众搞浮华的学问或从事不正当的职业，令民众专一务农，然后国家就会变得富裕，民力就可凝聚起来了。

今世主皆忧其国之危而兵之弱也，而强听说者㊽。说者成伍，烦言饰辞㊾，而无实用。主好其辩，不求其实。说者得意，道路曲辩，辈辈成群。民见其可以取王公大人也，而皆学之。夫人聚党与㊿，说议于国，纷纷焉，小民乐之，大人说之。故其民农者寡而游食者众。众，则农者殆；农者殆，则土地荒。学者成俗，则民舍农从事于谈说，高言伪议(51)，舍农游食而以言相高也。故民离上，而不臣者成群。此贫国弱兵之教也。夫国庸民以言，则民不畜于农(52)。故惟明君知好言之不可以强兵辟土也(53)，惟圣人之治国作壹，抟之于农而已矣。

[注释]

㊽强，勉力。

㊾烦言饰辞，烦多的言论，夸饰的说辞。

㊿党与，同党之人。

(51)高言伪议，高谈阔论，说假话。

(52)庸，用。畜，好。

(53)好言，好听话。辟，开辟。

[译文]

现在的君主都担忧国家危险、兵力薄弱，但还要勉力听取那些辩说者的游说。游说的人三五成群，口中说着夸张的言辞，却没有一点实际的用处。君主喜好他们的议论，而不去追究实际。那些辩说者扬扬自得，无论走到什么地方都成群结伙到处诡辩不休。民众见到他们可以取得王公大人的宠信，就都去学习他们的做派。这些人聚集党羽，在国内到处论说，老百姓感到很有趣，大人官长也喜欢这样。因此，这个国家种地的农民就少了，而游食不劳作的人众多。这些人变多，农事就懈怠了；农事懈怠，土地就荒芜了。空谈议论成为社会风气，民众就会舍弃农事而热衷游说，高谈阔论说假话。民众舍弃农事而以辩论争高低，那么远离君主，不再臣服于君主的民众就会越来越多。这就是使国家贫穷、使兵力薄弱的所谓教化。国家以言辞取人，民众就不会喜欢从事农事。因此圣明的君主知道漂亮话不能让兵力强大，也不能开疆辟土，只有圣明的人治理国家靠的是政策专一，也就是用心于农务罢了。

去强第四

[题解]

  "去强"指除去强悍之民。本篇虽以"去强"为名，但包含的内容不限于此。篇中还提出：要对外攻伐，将"毒输于敌"；提高官员的行政效率，强化基层执行力，使处理公事"以日治""五里断事"；加强户口统计，掌握仓储、壮男壮女、官吏、士兵的人数；加重刑罚，"重罚轻赏"；压制消费，平抑物价，平衡收支，令"金粟两生，仓府两实"；改善法制，注重公平，使"国无怨民"。《去强》将"杀力"作为实行"农战"政策的依据，而另一篇《农战》则谈到"抟力"，把农战作为凝聚民众、积聚国力的根本，"抟力"偏重农，而"杀力"则专指"战"，是对"抟力"的补充。作者认为，国家承平日久，国内各种矛盾积累，这就是所谓的"毒"。当毒素越聚越多，如果不对外发动战争，就会"毒输于内"，内部自相攻击，国家必然乱亡。只有对外攻伐，将"杀力"发出，输毒于外敌，以邻为壑，才能消解内部矛盾，使国家得以富强安定。

  以强去强者，弱；以弱去强者，强①。国为善，奸必多②。国富而贫治，曰重富③，重富者强；国贫而富治④，曰重贫，重贫者弱。兵行敌所不敢行，强；事兴敌所羞为，利⑤。主贵多变，国贵少变⑥。国多物，削；主少物，强⑦。千乘之国守千物者削⑧。战事兵用曰强，战乱兵息而国削⑨。

[注释]

①以强去强，以令民强悍的办法来除去强悍之民，如使民好学多智、经商获利而富裕等。以弱去强，以令民弱小的办法除去强悍之民，令民弱小就是使民蒙昧，顺从法令，只知农战。

②国为善，国家放弃法制和原则，一味讨好民众，做所谓的"善事"。

③国富而贫治，以治贫国的办法（崇节俭）来治理富国。重富，加倍富裕。

④国贫而富治，以治富国的办法（尚奢侈）来治理贫国。

⑤兵行敌所不敢行，军队敢冒险做敌人不敢为之事。事兴敌所羞为，对于敌人羞于做的事，也大胆去做。

⑥君主贵在善用权谋，灵活多变，而国家贵在守恒定之法，不轻易改变政策。

⑦物，财物。王时润认为，"主当作国，多少二字宜互易"。此句当为"国少物，削；国多物，强"。多物、少物，则如《弱民》篇："利出一孔则国多物，出十孔则国少物。"

⑧千乘之国，有一千辆兵车的中等国家。乘，古以一车四马为一乘。

⑨战事兵用，保持战备，军队常训练、打仗。朱师辙认为"曰"字当作"国"。战乱，战备松弛。

[译文]

　　以令民强悍的办法来除去强悍不守法之民，国家就会衰弱；以令民弱小的办法来除去强悍不守法之民，国家就会强大起来。国家如果放弃法制和原则，一味讨好民众，做"善事"，那么国内就会奸伪丛生。以治贫国的办法来治理富国，提倡节俭，国家就会加倍富裕，加倍富裕，国家就强大；以治富国的办法来治理贫国，奢侈浪费，国家就会加倍贫穷，加倍贫穷，国家就衰弱。军队要敢冒险做敌人不敢为之事，对敌人羞于做的，也大胆去干。君主贵在善用权谋，灵活多变，而国家贵在守恒定之法，不要轻易改变政策。（民众获取利禄有多个渠道），国家的财物减少，国力就会削弱；（民众专心农战），国家的财物增多，国家就强大。有千辆战车的大国，要应付处理上千种事，国家就变弱。保持战备，军队经常训练、打仗，国家就强大；战备松弛，军队无仗可打，国家就衰弱。

　　农、商、官三者，国之常官也⑩。三官者，生虱官者六：曰"岁"，曰"食"，曰"美"，曰"好"，曰"志"，曰"行"⑪。六者有朴⑫，必削。三官之朴三人，六官之朴一人⑬。以治法者，强；以治政者，削；常官治者，迁官⑭。治大⑮，国小；治小⑯，国大。强之，重削⑰；弱之，重强。夫以强攻强者亡，以弱攻强者王⑱。国强而不战，毒输于内，礼乐虱官生，必削；国遂战，毒输于敌，国无礼乐虱官，必强。举荣任功曰强⑲，虱官生必削。农少、商多，贵人贫、商贫、农贫⑳，三官贫，必削。

[注释]

⑩常官,常见的职业。此处的"官"指职业。

⑪虱官,高亨认为,本文中的"虱官"之"官"字,都当作"害",字形相近之误。虱子寄生于物,三种职业,都产生一些弊端,如同虱子寄生于物而害物。岁、食是农之虱,寄生于农业。岁,指农民不努力耕作,使得庄稼歉收;食,指丰年浪费粮食。美、好是商之虱,寄生于商业。美,指物品华美;好,指商人贩卖令人玩物丧志的赏玩之物。志、行是官之虱,寄生于官吏。志,指官吏心怀私志;行,指官吏贪赃枉法的行为。

⑫有朴,生了根。朴,根本。

⑬三官之朴三人,三种职业的根本在于这三种人。六官之朴一人,"官"字当为"害"字之误。一人,高亨认为,一人指国君。

⑭以治法、以治政,陶鸿庆认为,两句皆为倒装,为"以法治""以政治"。常官,久任之官。治,治理得好。迁官,升官。

⑮治大,指用礼、乐等大而无当之物治国。

⑯治小,指用专一简便之法治国。

⑰强之,此处指使民强。重削,弱上加弱。

⑱以强攻强,以使民强悍的办法来对付强民。与前文"以强去强者"义同。以弱攻强者,与"以弱去强者"义同。

⑲荣,声名。陶鸿庆说:"荣盖劳字之误。"陶说非。曰,当为"国"字。

⑳从事生产的人少，经商的人多，需要养活的人多，时间长了，不但农夫贫困，商人和达官贵人也会陷入贫困。

[译文]

　　农夫、商人与官吏，这是国家常见的三种职业。这三种职业，产生了六种虱害：岁虱（农民不努力耕作），食虱（浪费粮食），美虱（物品华美），好虱（贩卖赏玩之物），志虱（官吏心怀私志），行虱（官吏贪赃枉法）。这六虱生了根，国家必然衰弱。三种职业之所以存在的根本是本来就有这三种人，而六种虱害的根本则是因为国君实施政策的失误所造成。以不变的法律治国，国家就会强大；以易变的政策治国，国家就会削弱。久任之官，治理得好，就让他升迁。以礼、乐等大而无当之物治国，国土就会缩小；用专一简便之法治国，国土就会扩大。使民众强大，国家就会加倍衰弱；使民众削弱，国家就会加倍强大。以使民强悍的办法来对付强民，国家就衰亡；以使民软弱的办法来对付强民，就能称王于天下。国家强大了，不对外进攻，内部的毒素逐渐积累，越积越多，礼、乐这些虱害就产生了，国家必然削弱；国家对外进攻，将毒素输于外敌，国内也就没了礼、乐虱害，国家必强。任用有声名、有功劳的人，国家就强大；虱害产生，国家就削弱。农民少，商人多，无人耕作，食之者众，生之者寡，长此以往，达官贵人、商人、农夫都会陷入贫困，这样的国家必然削弱。

　　国有礼、有乐、有《诗》、有《书》、有善、有修、有孝、有弟、有廉、有辩㉑。国有十者，上无使战，必削至亡；国无十者，上有使战，必兴至王。国以善民治奸民者[22]，必乱至削；国以奸民治善民者，必治至强。国，用《诗》、《书》、礼、乐、孝、弟、善、修治者，敌至，必削；不至，必贫。国不用八者治，敌不敢至；虽至，必却；兴兵而伐，必取；取，必能有之；按兵而不攻，必富。国好力，曰以难攻[23]；国好言，曰以易攻。国以难攻者，起一得十[24]；国以易攻者，出十亡百。

[注释]

[21]这十种中前九种为儒家所提倡。修，贤。第，悌。廉，廉洁。

[22]高亨说，参照《说民》篇，此处"善民"与"奸民"有特指含义。善民，指不告发他人之罪的人。奸民，指告发他人之罪的人。

[23]以难攻，用难得的东西去攻打别人。

[24]起一得十，动用一分实力，获得十分好处。

[译文]

国家若有礼、乐、《诗经》、《尚书》、善、修、孝、弟、廉、辩这十样东西，君主就不能使民众打仗，国家必然削亡。国家没有这十样东西，必然会兴盛，称王于天下。国家利用"善民"来统治"奸民"，国家必然削弱、乱亡；国家以"奸民"统治"善民"，国家必然会强大。用《诗经》、《尚书》、礼、乐、孝、弟、善、修来治理国家，敌人来了，国土必然被削夺；即使敌人不来，国家也会变得贫困。国家不用这八样东西，敌人就不敢来，即使来了，必然会败退。如果我们兴兵征伐，一定会取得对方的土地，取得土地，必能占有；即使按兵不动，国家也会变得富裕。国家喜好实力，这就叫用难得的东西去攻打别人；国家喜好浮言，这就叫用易得的东西去攻打别人。用难得的东西攻打别人，动用一分实力，会获得十分好处；用易得的东西去攻打别人，动用十分实力，要遭受百分的损失。

重罚轻赏，则上爱民，民死上㉕；重赏轻罚，则上不爱民，民不死上。兴国行罚，民利且畏；行赏，民利且爱㉖。国无力而行知巧者，必亡。怯民使以刑，必勇；勇民使以赏，则死。怯民勇，勇民死，国无敌者强，强必王。贫者使以刑，则富；富者使以赏，则贫。治国能令贫者富，富者贫，则国多力，多力者王。王者刑九赏一㉗，强国刑七赏三，削国刑五赏五。

[注释]

㉕加重刑罚，民众不敢犯法，因此就不会受罚，这是君主爱护民众。死，效死。

㉖利，有利。爱，此处指吝惜。

㉗刑九赏一，九分刑，一分赏。

[译文]

加重刑罚，减轻赏赐，这是君主对民众的爱护，民众也会因此为君主效死。加重赏赐，减轻刑罚，君主不爱护民众，民众就不会为君主效死。以刑罚兴国，民众认为对自己有好处，而且会畏惧法律；以赏赐兴国，民众也认为对自己有好处，但是就会更加吝惜而不为国家卖命。国家没有实力却好用智巧之术，必然灭亡。胆小的民众，以刑罚督促他，他必然会勇敢；本来就勇敢的民众再以赏赐奖励他，就会为国献身。胆小的民众变勇敢，勇敢的民众为国献身，国家就无敌而强大了，强大后就成就王业。以刑罚督促贫穷的人，他就会变富裕；对富人鼓励他捐献粮钱购买官爵，他就会变得贫穷。治理国家要使贫者变富裕，富者变贫穷，这样国家的实力就会强大，国家实力强大，就能够成就王业。成就王业之国，刑罚占九分，赏赐占一分；一般的强国刑罚占七分，赏赐占三分；而弱国就是那些实行刑赏各半的国家。

国作壹一岁，十岁强㉘；作壹十岁，百岁强；作壹百岁，千岁强。千岁强者王。威，以一取十，以声以实，故能为威者王㉙。能生不能杀，曰自攻之国，必削；能生能杀，曰攻敌之国，必强㉚。故攻官、攻力㉛、攻敌，国用其二舍其一，必强；令用三者，威，必王。

[注释]

㉘作壹，见《农战》篇注④。

㉙威，威力。声，声势。实，实利。

㉚杀，杀力，以战争的方式消耗平时聚集起来的国力。按，《说民》篇说："故能生力，能杀力，曰攻敌之国，必强。"又说："故能生力，不能杀力，曰自攻之国，必削。"据此知"生""杀"乃指国家实力而言。

㉛官，当为"害"。攻力，即杀力，消耗实力。

[译文]

国家专一农战一年，就会有十年的强大；专一农战十年，就会有百年的强大；专一农战百年，就会有千年的强大。能千年强大的国家必定称王于天下。国家的威力贵在以一取十，以声势取得实利，因此能正确使用威力的国家就能称王。能积聚国力但不能对外使用、消耗它，这就叫自相攻伐之国，国土必会被削夺；能积聚国力又能对外使用、消耗它，这就叫攻敌之国，一定会强大。消灭虱害、使用国力、攻打敌人，国家只要使用其中的两项，一定会强大。如果三者都用，就具有威力，必定称王。

十里断者㉜，国弱；九里断者㉝，国强。以日治者王，以夜治者强，以宿治者削㉞。举民众口数，生者著死者削㉟。民不逃粟㊱，野无荒草，则国富，国富者强。以刑去刑国治，以刑致刑国乱㊲，故曰：行刑重轻㊳，刑去事成，国强；重重而轻轻㊴，刑至事生，国削。刑生力，力生强，强生威，威生惠，惠生于力㊵。举力以成勇战㊶，战以成知谋。

[注释]

㉜十里之内决断政事。

㉝九里断者，严万里认为，"九"当作"五"。按，据《说民》篇"以十里断者弱，以五里断者强"知"九里"当作"五里"。十里断事与五里断事，指国家政策基层的执行力有高低差异。

㉞以日治，一天之内处理完公事。夜治，到夜里处理完公事。宿治见《垦令》注①。

㉟举，统计。生者著死者削，活着的人登记在户口册上，死去的人从户口册上去除。

㊱逃粟，逃避农事。

㊲以刑去刑，施重刑使得民众不敢犯法，从而免除刑罚。以刑致刑，施轻刑使得民众藐视法律，导致民众遭受更多的刑罚。

㊳行刑重轻，将轻刑加重，则民不敢犯。

㊴重重而轻轻，对重罪设置重刑，对轻罪设置轻刑，则民无惧刑罚，多犯刑。

㊵惠，恩惠。

㊶举力，施展实力。

[译文]

能在十里之内决断政事的国家弱小，能在五里之内决断政事的国家就强大。官吏一天之内处理完公事的国家，就能称王；官吏到夜里才处理完公事的，也能强大；官吏处理公事要拖过一夜的，国家就削弱。统计民众户口，活着的人登记在户口册上，死去的人从户口册上去除。民众不逃避农事，田野里没有荒草，国家就富裕，国家富裕，就能强大。以刑罚免除刑罚的国家就得到很好的治理，以刑罚招致刑罚增多的国家就会混乱。因此说，对轻罪加重刑，刑罚最终会免除，事情也容易办成，国家就强大；对重罪设置重刑，对轻罪设置轻刑，就会招来刑罚，引起事端，国家就削弱。刑罚产生实力，实力产生强大，强大产生威力，威力产生恩惠，归根结底，恩惠由实力而来。施展这种实力，以勇气来战斗，通过战斗来实现智谋。

粟生而金死，粟死而金生㊷。本物贱，事者众，买者少，农困而奸劝，其兵弱，国必削至亡㊸。金一两生于竟内，粟十二石死于竟外㊹；粟十二石生于竟内，金一两死于竟外。国好生金于竟内，则金粟两死，仓府两虚，国弱；国好生粟于竟内，则金粟两生，仓府两实，国强。

[注释]

㊷买来粮食，就花掉金钱，卖掉粮食，就换来金钱。粟生而金死，严本作"金生而粟死"，据陈深本改。

㊸本物，指粮食，粮食为国家根本。劝，受到鼓励。

㊹当时粮价一两黄金可购十二石粟。竟，境。石，古代计量单位，一石为十斗。

[译文]

买来粮食，就花掉金钱，卖掉粮食，就换来金钱。种地的人多，买粮的人少，农民困顿而奸商活跃起来，兵力就衰弱，国家必然削弱直至亡国。从国外输入黄金一两，就有十二石国内的粮食卖到国外；国内输入十二石的粮食，就有一两黄金流失到国外。国家喜欢在境内聚敛黄金，那么黄金和粮食都会丧失，粮仓和国库都空虚了，国家就衰弱；国家喜欢在境内囤积粮食，那么，黄金和粮食都很充足，粮仓和国库都充实，国家就强大。

强国知十三数：竟内仓、口之数㊺，壮男、壮女之数，老、弱之数，官、士之数，以言说取食者之数㊻，利民之数㊼，马、牛、刍藁之数㊽。欲强国，不知国十三数，地虽利，民虽众，国愈弱至削。

[注释]

㊺口，高亨认为当为“府”。

㊻以言说取食者，靠巧言游说为生的人。

㊼利民，以谋利为生的商贾与手工业者。

㊽刍藁（chú gǎo），牲口饲料。刍，喂牲口的草。藁，禾杆。

[译文]

强大的国家都知道以下十三种数字：境内粮仓、府库储藏的钱粮数，成年男女的人口数，老人、体弱者的人口数，官吏与士的数字，靠巧言游说为生者的数字，以谋利为生的商贾、手工业者的数字，马、牛等牲口的数字以及饲料的数字。想要让国家强大，不知道这十三种数字，即使地形便利，人民众多，国家也会越来越衰弱，直至被他国削夺土地。

国无怨民曰强国㊾。兴兵而伐，则武爵武任㊿，必胜。按兵而农，粟爵粟任(51)，则国富。兵起而胜敌，按兵而国富者王(52)。

[注释]

㊾怨民，心怀怨恨之民。

㊿武爵武任，按军功授予爵位。

㊼粟爵粟任，按缴纳粮食授予爵位。

㊾按兵，严本作"按国"，据范钦本改。

[译文]

国家没有心怀不满的怨恨之民，这就是强国。兴兵作战，一切按军功授予爵位，就一定会胜利。不打仗的时候，重视农业，一切按缴纳粮食授予爵位，国家就会富裕。兴兵能打胜仗，按兵不动而致国富的国家就能成就王者之业。

说民第五

[题解]

说民，即论说民众。《说民》篇的主旨为谈论民众与政治的关系，与《去强》篇密切相关，文中有的内容与《去强》篇相似，部分论述可看作是对《去强》篇观点的注解。文中主张止"六淫"、行"四难"，为《去强》篇提出的"重刑轻赏"做出详细的论证，阐发了以刑止刑的观点，即用严刑峻法威慑民众，以达到预防犯罪，"治之于其治"的政治效果。《说民》篇针对儒家学说的指向很明显，文章提出国家存在八种弊端，其中礼、乐、慈、仁四种都是儒家提倡的，商鞅认为这些说法会让民众淫逸、犯错，使得"民胜其政"，因此必须去除。而"任奸不用善"，鼓励民众互相告奸，矛头更是直指儒家"亲亲相隐"的原则。认为"亲亲相隐"的"用善"是在破坏法制，使得"民胜法"，令国家混乱，反之实行"任奸"则会使"法胜民"，让国家变强大。"任奸不用善"对善与恶重新定义，颠覆了传统的善恶观念，对儒家的人性学说具有很大的破坏性。

辩慧，乱之赞也。礼乐，淫佚之征也①。慈仁，过之母也②。任誉，奸之鼠也③。乱有赞则行，淫佚有征则用，过有母则生，奸有鼠则不止。八者有群，民胜其政④；国无八者，政胜其民。民胜其政，国弱；政胜其民，兵强。故国有八者，上无以使守战，必削至亡。国无八者，上有以使守战，必兴至王。用善，则民亲其亲；任奸，则民亲其制⑤。合而复者⑥，善也；别而规者⑦，奸也。章善⑧，则过匿；任奸，则罪诛。过匿，则民胜法；罪诛，则法胜民。民胜法，国乱；法胜民，兵强。故曰：以良民治，必乱至削；以奸民治，必治至强。

[注释]

①赞，助。征，召。

②慈仁会放纵奸邪，所以说是过错之母。过，过错。

③任侠与赞美别人的行为，难免为奸邪所利用，就像老鼠打盗洞一样。任，《说文》："任，保也。"高亨解："仗'义'出力，来保护别人叫做任，即任侠。"誉，赞美。

④胜，胜过。

⑤用善，用治善民的办法治国。亲其亲，亲近其亲人。任奸，用治

奸民的办法治国。亲其制，亲近制度。

⑥复，陶鸿庆认为，"复"当为"覆"，掩盖。

⑦规，古同"窥"，监视。

⑧章，表彰。

[译文]

　　好言而多智慧，这是祸乱的帮凶。礼乐会召致骄奢淫逸。慈仁是过错之源。为别人帮忙出力、赞美他人，却做了奸邪之鼠。祸乱行为有帮凶就会流行，淫逸行为有了引导就会蔓延，过错有了源头就会产生，奸邪的鼠类行为有所利用就会不休不止。这八种东西泛滥成灾，就是民众战胜了政令；如果国家没有这八种东西，就是政令战胜了民众。民众战胜政令，国家就削弱；政令战胜民众，兵力就强大。国家有这八样东西，君主就找不到人来守土作战，国土必然会被削夺，国家也会灭亡。国家没有这八样东西，君主就能让民众守土作战，国家必然会兴盛乃至称王。用治善民的办法治国，民众会亲近自己的亲人；用治奸民的办法治国，民众会亲近制度。民众合起来互相掩盖罪过，这就是（儒家）所谓的"善"；民众之间互相监视，这就是所谓的"奸"。表彰这种"善"，罪过就得以隐藏；实行这种"奸"，罪行就得到惩处。罪过得以隐藏，就是民众战胜了法律；罪行得到惩处，就是法律战胜了民众。民众战胜法律，国家就混乱；法律战胜民众，兵力就强大。所以说，用治理"良民"的办法治国，国家必乱，以至削弱；以治理"奸民"的办法治国，国家必治，以至强大。

　　国以难攻⑨，起一取十，国以易攻，起十亡百⑩。国好力曰以难攻，国好言曰以易攻⑪。民易为言，难为用⑫。国法作民之所难，兵用民之所易⑬，而以力攻者，起一得十；国法作民之所易，兵用民之所难，而以言攻者，出十亡百。

[注释]

⑨以难攻，以难以具备的实力进攻敌人。

⑩严本"十"作"一"，据范钦本改。

⑪好力，崇尚实力。曰，严本作"日"，据范钦本改。

⑫人民易于空谈，难于从事农战，为国所用。

⑬国法作民之所难，国家推行法律让人民感到畏难。兵用民之所易，兴兵攻伐这件事让民众觉得比完成国法的要求更容易。

[译文]

国家用难以具有的东西（实力）攻击敌国，动用一分力量就会收获十分；国家用容易具备的东西（言谈）攻击敌国，动用十分力量，就遭受百分损失。国家崇尚实力，这就是用难以具备的东西进攻，国家崇尚空谈，这就叫用容易之物攻击敌人。人民易于空谈，难于从事农战，为国所用。国家推行法律让民众感到畏难，反而使兴兵打仗这件事令民众觉得比完成国法的要求更容易，以这样的实力攻敌，动用一分力量就会收获十分；国家推行法律让民众感到容易，反而使兴兵打仗这件事让民众觉得比完成国法的要求更困难，以这样的实力攻敌，动用十分力量，就遭受百分损失。

罚重，爵尊；赏轻，刑威⑭。爵尊，上爱民；刑威，民死上。

故兴国行罚，则民利；用赏，则上重。法详，则刑繁；法繁⑮，则刑省。民治则乱⑯，乱而治之又乱。故治之于其治⑰，则治；治之于其乱⑱，则乱。民之情也治，其事也乱⑲。故行刑，重其轻者，轻者不生，则重者无从至矣，此谓治之于其治者。行刑，重其重者，轻其轻者⑳，轻者不止，则重者无从止矣，此谓治之于其乱也。故重轻，则刑去事成，国强；重重而轻轻，则刑至而事生，国削。

[注释]

⑭处罚重，则显出爵位的尊贵；赏赐轻，则显出刑法的威严。

⑮法繁，朱师辙认为，"繁"为"简"之误。

⑯民治则乱，高亨认为，"民"后缺一"不"字。

⑰治之于其治，在未乱之时以治世的办法来治理。

⑱治之于其乱，在变乱之后以乱世的办法治理。

⑲人民的本性是希望天下太平的，但在实际中行事却容易生乱。

⑳重刑应对重罪，轻刑应对轻罪，刑与罪相称。

[译文]

处罚重，显出爵位的尊贵；赏赐轻，显出刑罚的威严。爵位尊贵，是君主对人民的爱护；刑罚威严，人民就会为君主效死。那些兴盛的国家实行刑罚，人民得到了实际好处；使用赏赐，君主的地位受到尊重。法律详备，刑罚就繁多；法律简要，刑罚就用得少。不治理民众，国家会生乱，乱了以后再治理，则更加混乱。因此，要在未乱之前预防，以治世的办法来治理，这样国家就会太平；在变乱发生之后才应付，又以乱世的办法治理，国家就更乱。人民的本性是希望太平的，但在实际中行事却容易生乱。所以推行刑罚的时候把轻罪加重刑，民众会感到畏惧，其结果是连轻罪都不会有，重罪就更不会出现了，这叫以治世的办法来治理。反之，推行刑罚，重刑应对重罪，轻刑应对轻罪，结果会让轻罪不断发生，那么重罪也就没有休止了，这叫以乱世的办法来治理。因此，轻罪重罚，则成就事业，国家会变强大；加重刑于重罪，加轻刑于轻罪，刑罚虽用也会生出很多事端，国家也会被削弱。

民勇，则赏之以其所欲；民怯，则杀之以其所恶。故怯民使之以刑则勇，勇民使之以赏则死。怯民勇，勇民死，国无敌者必王。民贫则弱，国富则淫，淫则有虱，有虱则弱。故贫者益之以刑，则富；富者损之以赏，则贫㉑。治国之举㉒，贵令贫者富，富者贫。贫者富，富者贫，国强，三官无虱㉓。国久强而无虱者必王。

[注释]

㉑对于贫者，以刑罚督促他农战，他努力去做，就会因此而致富；对于富者，让他以捐献财物的方式来换取官爵，他就会变贫穷。

㉒举，措施。

㉓三官，指《去强》篇所说的农、商、官三种职业。

[译文]

对于勇敢的民众，要赏赐他们，以满足其欲望；对于怯弱的民众，则要用他们厌恶的东西来惩罚他们。所以用刑罚督促胆小的民众，他们就会变勇敢，用赏赐奖励勇敢的民众，他们就会为国效死。胆小者变勇敢，勇敢者敢于赴死，国家就无敌而成就王业。民众贫穷，国家就弱小，民众富裕就会放荡，民众放荡，国家就会生虱害，国家生虱害，就会变得衰弱。因此对于贫者要以刑罚督促他农战，他努力去做，就会因此而致富；对于富者，要鼓励他以捐献财物的方式来换取官爵，他就会变贫穷。治理国家的措施，贵在令贫者变富，富者变穷。贫者变富，富者变穷，国家就强大，农、商、官这三种职业就没有虱害。国家长久强大又没有虱害，则必然称王。

刑生力，力生强，强生威，威生德，德生于刑㉔。故刑多，则赏重；赏少，则刑重。民之有欲有恶也，欲有六淫，恶有四难㉕。从六淫㉖，国弱；行四难，兵强。故王者刑于九而赏出一。刑于九则六淫止，赏出一则四难行。六淫止，则国无奸；四难行，则兵无敌。

[注释]

㉔此与《去强》篇"刑生力，力生强，强生威，威生惠，惠生于力"前三句义同。

㉕六淫，当指《去强》篇所提到的"岁、食、美、好、志、行"，朱师辙认为，六欲为耳、目、口、鼻、身、心之欲，不通。四难，高亨认为是务农、力战、出钱、告奸。按，《算地》篇说："羞辱劳苦者，民之所恶也。"根据文义，四难此当指羞、辱、劳、苦，不从高说。

㉖从，放纵。

[译文]

　　刑罚产生实力,实力产生强大,强大产生威力,威力产生恩德,恩德从刑罚中而来。因此,刑罚多,就显得赏赐贵重;赏赐少,就显得刑罚威重。民众有想要得到的东西,也有厌恶的东西。民众喜欢的,有六种放荡之物(岁、食、美、好、志、行),民众厌恶的,也有四种东西(羞、辱、劳、苦)。放纵人们的欲望,让他们去追逐六淫,国家就会衰弱。推行四难,兵力就强大。所以王者之国刑罚占九分,赏赐占一分。刑罚占九分,六淫就会休止,赏赐占一分,四难就能推行。六淫被遏制,国家就没有奸邪;四难推行,军队就无敌。

　　民之所欲万,而利之所出一㉗。民非一,则无以致欲㉘,故作一。作一,则力抟;力抟,则强。强而用,重强。故能生力,能杀力,曰攻敌之国,必强。塞私道㉙,以穷其志;启一门,以致其欲,使民必先行其所要㉚,然后致其所欲,故力多。力多而不用,则志穷;志穷,则有私;有私,则有弱。故能生力,不能杀力,曰自攻之国,必削。故曰:王者,国不蓄力,家不积粟。国不蓄力,下用也;家不积粟,上藏也。

[注释]

　　㉗利之所出一,即利出一孔,求利只有一个渠道(农战)。

　　㉘致欲,欲望得到实现。

　　㉙塞,堵塞。

㉚要，陶鸿庆认为，"要"为"恶"之误。

[译文]

民众的欲望很多，但要让他们求利只有农战这一个渠道。不通过这个渠道，就无法让他们的欲望实现，他们才肯专一农战。专一农战，力量就凝聚起来；力量凝聚起来，国家就强大。国家强大而且能集中使用，就会强上加强。因此能积聚国力，又能对外使用、消耗这力量，这就叫作攻敌之国，这样的国家一定会强大。堵塞农战以外的私人获利渠道，使人们没了别的想法；打开农战之门，以使他们的欲望得到满足，先以刑罚让民众做他们厌恶的事情，然后满足他们的欲望，这样民众就有力量。民众有力量而不对外使用，他们为国做事的志向就无从施展，志向无从施展，就产生了私心；有了私心，国家就变弱。国家能积聚力量，但不能使用消耗这种力量，这就叫作自攻之国，这样的国家必然会被削弱。所以说，称王的国家不总是一味积聚国力，民众也不用储蓄粮食。国家不总是积蓄国力，因为要对外使用它；民众不储藏粮食，因为粮食都藏在国家的仓库里。

　　国治，断家王，断官强，断君弱㉛。重轻，刑去。常官则治㉜。省刑要保，赏不可倍也㉝。有奸必告之，则民断于心，上令而民知所以应㉞。器成于家，而行于官，则事断于家㉟。故王者刑赏断于民心，器用断于家。治明则同，治暗则异㊱。同则行，异则止，行则治，止则乱。治，则家断；乱，则君断。治国者贵下断㊲，故以十里断者弱，以五里断者强。家断则有余，故曰：日治者王。官断则不足，故曰：夜治者强。君断则乱，故曰：宿治者削。故有道之国，治不听君，民不从官。

[注释]

㉛这一段文字，主要是阐发《去强》篇谈到的提高基层行政效率问题，即所谓"断事"。基层能够独自处理事务，社会成本就低，国家就强大，基层不能断事，什么事都要上层指示，社会成本就高，国家不堪重负。

㉜常官，授官有常规，指以农战授官。

㉝要保，指民众实行连坐，互相监督约束、担保。要，读为"约"。倍，借为"背"，背弃。

㉞应，应对。

㉟按照法令制作的器物是否符合官府的标准，这种事在家就能判断。

㊱明，严明，公开。同，上下一心。异，上下异心。

㊲下断，下层官吏就能判断是非。

[译文]

治理国家，民众在家里就能断事的，叫"断事于家"，这样的国家能称王于天下；一切由官吏来断事的，叫"断事于官"，这样的国家也算强大；凡事均由君主亲自处理，叫"断事于君"，这样的国家就衰弱。加重轻罪，刑罚就可免而不用。授官有常规，国家就会大治。要减省刑罚，让民众互相监视担保，赏赐不失信于民。有奸邪，民众必定告发，这样民众熟悉了法律，就能够判断是非，对君主的法令也知道如何应对。按照法令制作的器物是否符合官府的标准，这种事民众自己在家就能判断,这就叫"断事于家"。王者之国就是如此,君主发布刑赏,民心知道如何应对,而合格的器物在家里就可以制作完成。朝廷的法令严明、公开,就能上下一心,法令不明,就会上下异志。上下同心,法令就畅通,上下异志,法令就不能执行。法令畅通,国家就大治,法令行不通,国家就会混乱。国家要是大治,民众在家里就能断事;国家要是混乱,什么事都得君主拿主意。治理国家,贵在下层就能处理事务,因此在十里之内处理事务的国家就衰弱,在五里之内处理事务的国家就强大。民众在家里就能处理一些事务,那么官吏就不用花费那么大精力,处理较为重要事务的时间就更充裕,因此说:"在白天就把当天所有事务处理完的国家能称王。"凡事都要由官吏来处理,官吏处理较为重要事务的时间就不充足,因此说:"到夜里能把当天所有事务处理完的国家也算是个强国。"一切事情都要由君主来做主,肯定会因处理不完而误事,国家就会陷入混乱,因此说:"拖到第二天才处理完事务的国家就会削弱。"治理有道的国家,官吏不需要什么事都等待君主的指令,民众也不需要什么事都等待官吏来裁决。

算地第六

[题解]

算地,即计量土地。本文前两段谈到计算土地的数量,目的是为了规划使用土地,故后人以《算地》为篇名。先秦时期,论著的篇名往往取篇中首段文字,其实本篇讲的内容除了计量土地以外,主要是谈论为何要实行农战以及农战何以成功的问题,这涉及两方面:一是为以刑赏督促农战找到人性依据,二是将农战作为君主控制民众的权柄。第一点可归纳为"性恶"的人性论,开启韩非"性恶论"之端,第二点则谈到"臣主之术",提出国有其势,君主要善于乘势,以术驾驭臣民,这与申不害、慎到等先秦法家崇"术"、尚"势"的政治哲学相通。

　　凡世主之患,用兵者不量力,治草莱者不度地①。故有地狭而民众者,民胜其地②;地广而民少者,地胜其民。民胜其地,务开;地胜其民者,事徕③。开,则行倍④。民过地,则国功寡而兵力少;地过民,则山泽财物不为用。夫弃天物遂民淫者⑤,世主之务过也,而上下事之,故民众而兵弱,地大而力小。故为国任地者⑥,山林居什一,薮泽居什一⑦,溪谷流水居什一,都邑蹊道居什四⑧,此先王之正律也。故为国分田数:小亩五百,足待一役,此地不任也;方土百里,出战卒万人者,数小也⑨。此其垦田足以食其民,都邑遂路足以处其民⑩,山林、薮泽、溪谷足以供其利,薮泽堤防足以畜⑪。故兵出,粮给而财有余;兵休,民作而畜长足⑫。此所谓任地待役之律也⑬。

[注释]

　　①莱,荒草。度,度量。

　　②胜,超过。

③开,开垦。徕,招徕,招引他国人民来本国耕地。

④高亨认为,"开"字下少一"徕"字。

⑤天物,自然资源。

⑥任,利用。

⑦薮(sǒu),湖泽。

⑧俞樾认为,"都邑蹊道"下有阙文,据《徕民》篇,当为"都邑蹊道居什一,恶田居什一,良田居什四"。王时润认为,当作"恶田居什二"。蹊(xī),小径。

⑨数小,百里土地只能供养一万士兵,这个数目太小了。

⑩遂,道路。

⑪畜,蓄积。

⑫作,劳作。

⑬待役,备战。

[译文]

现在君主的弊病,就是用兵时不衡量自己的兵力,开荒时不度量土地的多少。有的国家土地狭小而民众多,这是人民超过了土地;有的国家土地广大而人口稀少,这是土地超过了人民。人民超过土地,就要努力开垦;土地超过人民,就要招徕别国人民来耕作。开垦土地和招徕人民,土地和人民就会成倍增加。人民超过土地,国家的储备与收入不足,兵力也会薄弱;土地超过人民,山林、湖泽等资源就得不到很好的开发利用。放弃宝贵的自然资源不开发,听任民众不务正业地到处游荡,这是君主政务上的过错,但现在一国之内上上下下都这么做,以致民众虽多而兵力弱，土地虽广而实力小。因此，治理国家开发利用土地，应当让山林占国土的十分之一，湖泽占十分之一，溪谷河流占十分之一，城市道路占十分之四，这是先王利用土地的正确办法。治理国家分配土地的比例：每个农民有五百小亩，收成足以供养一次战役，这是土地利用得不够充分；方圆一百里的土地，只能供养一万名士兵，这个数目太小了。如果按照正确的比例利用土地，那么开垦田地足以养活民众，城市道路足够人民居住，山林、湖泽、溪谷的资源足够人民利用，湖泽的堤坝足以蓄水。出动军队打仗，粮食充足而钱财有余；不打仗的时候，人民劳作，也有足够的积蓄。这就是使用规划土地以及备战的原则。

今世主，有地方数千里⑭，食不足以待役实仓，而兵为邻敌⑮，臣故为世主患之。夫地大而不垦者，与无地同；民众而不用者，与无民同。故为国之数⑯，务在垦草；用兵之道，务在壹赏。私利塞于外，则民务属于农⑰；属于农，则朴；朴，则畏令。私赏禁于下，则民力抟于敌；抟于敌，则胜。奚以知其然也？夫民之情，朴则生劳而易力，穷则生知而权利⑱。易力则轻死而乐用，权利则畏罚而易苦。易苦则地力尽，乐用则兵力尽。夫治国者，能尽地力而致民死者，名与利交至⑲。

[注释]

⑭方，方圆。

⑮为，与。

⑯数，术。

⑰属，专注。

⑱易力，肯出力。《左传·襄公四年》魏绛曰："戎狄荐居，贵货易土。"杜预注："易，犹轻也。"权利，权衡利害。

⑲交，并。

[译文]

现在的君主，有方圆几千里的国土，可是粮食却还不足以充实仓库、养活军队，又与邻国兴兵为敌，我为这样的君主感到忧虑。国土虽大而不开垦，与没有土地是等同的；民众虽多而不知如何使用，与没有民众是一样的。因此，治国之术，在于垦荒；用兵之道，在于统一刑赏。这样，人们向外求私利的渠道被堵塞，就会专注于农事；专注于农事，民性就朴实；民性朴实，就会害怕国家的法令。禁止私赏，民力就会团结向敌；团结向敌，就会取胜。何以知道这一点呢？人民的性情是这样的，朴实就会勤于劳作而愿意出力，穷困就会运用巧智去权衡利害。肯出力就会不怕死而乐于为国家所用，知道权衡利害就会躲避刑罚而不怕吃苦。不怕吃苦，土地的作用就会被开发出来，乐于为国所用，兵力就会被发挥出来。治理国家的人，能充分发挥土地的作用，又能让人民效命，这样名和利就都有了。

民之性：饥而求食，劳而求佚，苦则索乐，辱则求荣，此民之情也⑳。民之求利，失礼之法；求名，失性之常。奚以论其然也？今夫盗贼上犯君上之所禁，而下失臣民之礼㉑，故名辱而身危，犹不止者，利也。其上世之士，衣不暖肤，食不满肠，苦其志意，劳其四肢，伤其五脏，而益裕广耳[22]，非生之常也[23]，而为之者，名也。故曰：名利之所凑，则民道之[24]。

[注释]

[20]佚，通"逸"，休息。情，本性。此段论述与荀子《性恶》篇说人"目好色，耳好声，口好味，心好利，骨体肤理好愉佚"义近，讲的都是人的自然本性。

[21]臣民，严本作"臣子"，绵眇阁本作"臣民"，据改之。

[22]"益裕"前脱一"心"字。此处"益裕"是指士人盲目追求自苦筋骨体肤以获取名声。

[23]生，俞樾认为，"生"当读为"性"。

[24]道，从，由。

[译文]

人民的性情是这样的，饿了就会寻找食物，劳累了就要休息，感到痛苦就想追求快乐，受辱就要求得到荣誉，这是人民的本性。但人民为了追求利，却背离了礼法；为了追求名，却丧失了本性。为什么这样说呢？比如：盗贼，上触犯国君所定的国法，下失去臣民的礼数，名誉受损，生命也遭受危险，却盗窃不止，这是因为利益的缘故。古代的一些士人，穿不暖，吃不饱，砥砺意志，身体受累，五脏受损，心里却想：这糟糕的情况要更甚一点才好，这不是人之常情，他们之所以这样自苦的缘故是为了求名。因此说，名利凑集在哪里，人民就往哪里去。

主操名利之柄而能致功名者，数也㉕。圣人审权以操柄㉖，审数以使民。数者臣主之术㉗，而国之要也。故万乘失数而不危㉘，臣主失术而不乱者，未之有也。今世主欲辟地治民而不审数，臣欲尽其事而不立术，故国有不服之民，主有不令之臣。故圣人之为国也，入令民以属农，出令民以计战。夫农，民之所苦；而战，民之所危也。犯其所苦，行其所危者，计也㉙。故民生则计利，死则虑名。名利之所出，不可不审也。利出于地，则民尽力；名出于战，则民致死。入使民尽力，则草不荒；出使民致死，则胜敌。胜敌而草不荒，富强之功可坐而致也。

[注释]

㉕数，相当于原则。

㉖审，详细考察。

㉗术，办法。

㉘万乘，有一万辆战车的大国。

㉙计，考虑，计量。

[译文]

君主操纵着名利的权柄，使人民获得功、名之利，这就是治国的原则。圣人要考察清楚职权以掌握权力，考察治国的原则以役使民众。治国的原则就是君臣之术，也是国家的纲要。所以，万乘的大国不讲治国原则而不陷入危险，君臣失去治国之术而不发生混乱，世上没有这样的事。现在的君主想要开辟土地、治理民众而不考察治国原则,大臣想要办好公事而不制定治国的办法,因此国家才会有不顺服的民众,君主才会有不遵从法令的臣属。圣人治理国家,对内让民众专心务农,对外让民众只考虑打仗这一件事。务农,使民众感到劳苦;战斗,让民众感到危险。民众甘愿做劳苦而危险的事,是因为他们权衡过利害。民众活着的时候计较利益,死后则考虑的是自己的名誉。对于如何让民众获得名利这件事,不可以不详细考察。利益出于耕地,民众就会尽力农作;名誉出于战斗,民众就会为之效死。对内让民众尽力农作,田地就不会荒芜;对外使民众效死,就会战胜敌人。能战胜敌人而且田地不荒芜,国家富强的功业就会很容易实现。

今则不然。世主之所以加务者,皆非国之急也㉚。身有尧、舜之行,而功不及汤、武之略者,此执柄之罪也㉛。臣请语其过。夫治国舍势而任说说㉜,则身修而功寡㉝。故事《诗》《书》谈说之士,则民游而轻其君;事处士㉞,则民远而非其上;事勇士,则民竞而轻其禁;技艺之士用,则民剽而易徙㉟;商贾之士佚且利,则民缘而议其上㊱。故五民加于国用,则田荒而兵弱。谈说之士,资在于口;处士,资在于意;勇士,资在于气;技艺之士,资在于手;商贾之士,资在于身㊲。故天下一宅,而圜身资㊳。民资重于身,而偏托势于外㊴。挟重资,归偏家㊵,尧、舜之所难也。故汤、武禁之,则功立而名成。圣人非能以世之所易胜其所难也,必以其所难胜其所易。故民愚,则知可以胜之;世知,则力可以胜之。臣愚㊶，则易力而难巧；世巧，则易知而难力。故神农教耕而王天下，师其知也；汤、武致强而征诸侯，服其力也。今世巧而民淫，方效汤、武之时，而行神农之事，以随世禁㊷。故千乘惑乱，此其所加务者，过也。

[注释]

㉚加，更加。

㉛执柄，掌权者。

㉜陶鸿庆说，第一个说字当为"谈"。

㉝修，修身。

㉞处士，标榜高尚，不事君主的隐士。

㉟剽，轻飘。

㊱缘，攀附。

㊲资，资本。

㊳天下一宅，把全天下都看作自己的家，把自己看作资本。圜（huán），全。

㊴偏，通"遍"。托势于外，假借外部势力。

㊵偏家，权贵之家。

㊶臣，当作"民"。

㊷随，高亨说借为"堕"，毁坏。世禁，世俗的法律。

[译文]

现在却不是这样。君主更加重视的，不是国家当务之急。虽君主有尧、舜那样的德行，但却没有商汤、周武王的功业和策略，这是执政者之罪。让我来谈谈他们的过错吧。治理国家不靠实力却靠谈说，好像道德修养提高了，但却没什么功劳。因此，任用那些读《诗经》《尚书》、喜欢空谈议论的人，民众就四处游荡而轻视国君；任用那些隐士，民众就远离君主，诽谤朝政；任用那些好勇之士，民众就喜好争斗而轻易触犯禁令；任用那些技艺之士，民众就轻浮而喜好迁徙；商贾之士生活安逸，获利丰厚，民众就攀附他们而议论国君。这五种人得到重用，田地就会荒芜，兵力就会变弱。谈说议论之士的资本在于其口，隐士的资本在于其志向，勇士的资本在于其勇气，工匠技艺之士的资本在于其手，商贾的资本在于其身。他们把天下都视为自己的家，把自己本人看作本钱。民众把资本看作比自己的生命还重要，到处依托于国外的势力。他们携带着本钱，投附于权贵之家，这样，连尧、舜这样的圣君都难以治理他们。因此商汤、周武王就禁止这些人四处活动，从而成就了君主的功名。圣人不能以世人认为轻易的事来战胜他们认为困难的事，而是相反，要以世人认为困难的事来战胜他们认为容易的事。因此，民众愚昧，就可以用智慧战胜他们，世俗崇尚智巧，就可以用实力战胜他们。民众愚昧，就会认为出力容易而智巧难为；世俗崇尚智巧，就把智巧视为容易的事，而认为出力难为。因此，上古的神农氏教民众耕作，而称王天下，这是让人们学习他的智慧；商汤、周武王追求强大，征服诸侯，让天下都顺服于他们的实力。今天的时代，世俗尚智巧而民众浮荡，本来是该仿效商汤、周武王以实力治天下，但却去学神农氏，以智巧治国，毁坏了世俗的法律。因此，那些有一千辆战车的中等强国，就陷入了混乱，是因为他们把特别需要努力去做的事做错了。

民之生：度而取长㊸，称而取重，权而索利。明君慎观三者，则国治可立，而民能可得㊹。国之所以求民者少，而民之所以避求者多，入使民属于农，出使民壹于战。故圣人之治也，多禁以止能㊺，任力以穷诈。两者偏用，则境内之民壹；民壹，则农；农，则朴；朴，则安居而恶出。故圣人之为国也，民资藏于地，而偏托危于外㊻。资藏于地则朴㊼，托危于外则惑。民入则朴，出则惑，故其农勉而战戢也㊽。民之农勉则资重，战戢则邻危。资重则不可负而逃，邻危则不归于㊾。无资归危外托，狂夫之所不为也。故圣人之为国也，观俗立法则治，察国事本则宜。不观时俗，不察国本，则其法立而民乱，事剧而功寡㊿。此臣之所谓过也。

[注释]

㊸度（duó），度量。

㊹能，能力。

㊺能，当读为"态"，奸巧。

㊻偏，少。

㊼严本无"藏"字，据朱师辙本改。

㊽俞樾说，"戢"当读为"捷"，从俞说。

㊾高亨认为，"归于"后脱一"外"字。邻国危险，民众就不会去投奔。

㊿剧，事多繁忙。

[译文]

　　民众生来是这样的：度量物体的时候取长去短，称重量的时候取重去轻，权衡事情利弊的时候就要选择对自己最有利的。圣明的君主谨慎地观察这三种情况，国家的法治就可以建立起来，民众的能力也会得到利用。国家对民众的要求很少，而民众逃避国家要求的东西很多，（国家）对内要使民众专心务农，对外要使民众专一作战。因此，圣人治理天下，多设法条禁令以制止人们的奸巧，任用实力以杜绝人们的狡诈。两个办法都要用，境内的民众就会专一；民众专一，就会务农；务农，就会淳朴；淳朴，就会安居乐业而不喜欢外出。圣人治理国家，民众把财产投放在自己的土地上，很少到国外去冒风险。把财产投放于土地，民众就淳朴，把财产拿到国外冒险，民众就会迷惑。民众在国内淳朴，到国外就迷惑，所以他们努力耕种、作战。民众努力耕作，财产就会丰厚，努力作战，那邻国就危险了。财产丰厚，就不可能背着财产出逃，邻国处于危险，就不可能去投奔。没有钱却投奔到危险的国外去，这是连狂人也不会做的事。因此，圣人治理国家，根据民情而立法，国家就能治理好，考察国情，重视农战，一切措施都会得当。不根据民情，不考察农战，虽然立了法但国家还是混乱，事务繁忙却见不到功效。这就是我所说的过错。

　　夫刑者，所以禁邪也；而赏者，所以助禁也。羞辱劳苦者，民之所恶也；显荣佚乐者，民之所务也。故其国刑不可恶㉛，而爵禄不足务也，此亡国之兆也。刑人复漏㉜，则小人辟淫而不苦刑，则徼幸于民上(53)；徼于民上以利。求显荣之门不一，则君子事势以成名(54)。小人不避其禁，故刑烦。君子不设其令，则罚行。刑烦而罚行者，国多奸，则富者不能守其财，而贫者不能事其业，田荒而国贫。田荒，则民诈生；国贫，则上匮赏(55)。故圣人之为治也，刑人无国位，戮人无官任(56)。刑人有列，则君子下其位(57)；衣锦食肉，则小人冀其利。君子下其位则羞功，小人冀其利则伐奸。故刑戮者所以止奸也，而官爵者所以劝功也。今国立爵而民羞之，设刑而民乐之，此盖法术之患也。故君子操权一正以立术(58)，立官贵爵以称之，论荣举功以任之(59)，则是上下之称平。上下之称平，则臣得尽其力，而主得专其柄。

［注释］

(51)不可恶，不可怕。

(52)复，读为“覆”，掩覆。

(53)民上，指国君。

(54)君子，指贵族。事势，依靠权势。

(55)匮，匮乏。

(56)刑人无国位，戮人无官任，此两句指犯过法受过刑罚的人，不给予官职和爵位。

(57)下，轻视。

(58)正，通“政”。

(59)陶鸿庆说，“荣”当为“劳”。

[译文]

　　刑罚是用来禁止奸邪的，赏赐是用来辅助禁令的。羞辱和劳苦为民众所厌恶，荣誉和安乐为民众所企求。国家的刑罚不足以使民众害怕，爵禄不足以让人民追求，这就是亡国的征兆。犯罪的人能够漏网而隐藏，百姓就会邪辟淫荡而不害怕受刑，对君主心存侥幸，去追求私利。获得显耀荣誉的门路很多，贵族大人就会依靠权势以追求自己的名声。百姓不惧怕犯法，刑罚就会越来越繁多。贵族大人不执行法令，犯法的事就会越来越常见。刑罚增多而又错乱，国家的奸民就变多，富人就不能保护他的财产，穷人也不能专心于农事，于是田地荒芜得不到开垦，国家也变得贫穷。田地荒芜，民众就生出奸诈之心；国贫，君主就没有赏赐之资。因此，圣人治理国家，不允许给犯过法受过刑的人授予官职与爵位。受过刑的人在朝廷做官，官吏就会轻视自己的官爵；这种人能穿锦衣能吃肉，百姓就会羡慕他们的好处。官吏轻视自己的官爵，就不会再努力建功立业，百姓觊觎官爵的好处，就会将奸诈作为其夸耀之资。刑罚是用来禁止奸邪的，官爵是用来勉励人们建立功业的。现在国家设立官爵而百姓却以此为耻，设立刑罚而百姓却乐于犯禁，这是法术的祸患。君子执掌权柄，统一政令，制定治国的办法，设立适宜的官爵，使之与功绩相称，凭功劳提拔任用官吏，于是上下的标准一致、公平。上下的标准一致、公平，臣民就会尽力，君主就得以掌握大权。

开塞第七

[题解]

"开塞"的意思就是打开阻塞,这个阻塞指的是政治道路的阻塞。具体而言,就是说以武力征伐诸侯,一统天下,建立新的王朝的"汤、武之道"。本文阐发了商鞅变法的核心思想,是一篇地道的政治宣言,可看作全书的总纲领。文中回顾了人类社会的历史,指出制度的发展有其自然规律,不能以固定模式作为标准而将其永久化、绝对化,更不能将其上升为道德要求,所谓"三代异势,而皆可以王",缘于"世事变而行道异也"。因此商鞅主张"不法古""不脩今",执政者要根据时势调整路线,开辟新的政治道路,这就是果断放弃不合时宜而有害的"德治"与"义教",坚决实行法治。

天地设而民生之①。当此之时也,民知其母而不知其父,其道亲亲而爱私②。亲亲则别③,爱私则险。民众④,而以别、险为务,则民乱。当此时也,民务胜而力征⑤,务胜则争,力征则讼,讼而无正,则莫得其性也⑥。故贤者立中正,设无私,而民说仁⑦。当此时也,亲亲废,上贤立矣⑧。凡仁者以爱利为务,而贤者以相出为道⑨。民众而无制⑩,久而相出为道,则有乱。故圣人承之,作为土地、货财、男女之分。分定而无制,不可,故立禁;禁立而莫之司⑪,不可,故立官;官设而莫之一,不可，故立君。既立君，则上贤废而贵贵立矣⑫。然则上世亲亲而爱私，中世上贤而说仁，下世贵贵而尊官。上贤者以道相出也，而立君者使贤无用也。亲亲者以私为道也，而中正者使私无行也。此三者非事相反也，民道弊而所重易也，世事变而行道异也。故曰：王道有绳⑬。

[注释]

①设，立，形成。

②亲亲，爱自己的亲属。

③别，分别。

④众，众多。

⑤力征，以力争夺。

⑥莫得其性，凡事争斗的结果是，人们的要求都得不到满足。

⑦说，悦。

⑧上，通"尚"，崇尚。

⑨相出，互相推让。

⑩制，制度。

⑪司，掌管。

⑫贵贵，以贵人为尊。

⑬绳，准则。

[译文]

天地形成，就有了人类。这个时候，人类只知道自己的母亲是谁，不知道自己的父亲是谁，人们奉行的准则是爱自己的亲属，顾自己的私利。爱自己的亲属，人们之间就有了亲疏之别，顾自己的私利，就会心存奸邪。人众多，又都致力亲疏之别，奸邪为私之事，这就导致了混乱。这个时候，民众志在胜过别人，以强力夺取财物。志在胜过别人，就会凡事争夺，争夺就导致诉讼，诉讼而没有公正的评判，大家的欲望和要求就都得不到满足。所以，贤明的人立下公正的评判标准，提倡无私，人们就很喜欢仁义这些道德主张了。这个时候，爱自己的亲属这一准则就废弃了，尊崇贤人的观念则被树立起来。仁慈的人一般以爱人利人为要务，贤明的人以互相推让为道德原则。人口众多而没有建立法度，长时期奉行互相推让的准则，这又导致了混乱。圣人根据这种情况，将土地、货财进行合理划分，提出男女的分别。划分而无法度是不可以的，所以就设立了禁令；有了禁令而无人掌管是不可以的，所以就设置官吏；设置官吏而不进行统一管理是不可以的，所以就设立了君主之位。既然设立了君主，崇尚贤者的准则就废弃了，尊重贵人的观念则被树立起来。这样来看的话，上古之世爱自己的亲属，顾自己的私利，中古之世崇尚贤者而喜好仁义，近世以贵人为重而尊敬官吏。尚贤的目的是让人们互相推让，立君则是让贤者无所用。爱自己亲属的准则其实是为了自私自利，提倡公正标准则是为了让私利不能实现。这三个时代的做法并非截然对立，而是因为一种治理民众的办法时间久了就会产生弊病，人们看重的东西不一样了，世事发生了变化，治理的办法也要相应地改变。因此说，王道是有一定准则的。

夫王道一端，而臣道亦一端，所道则异，而所绳则一也⑭。故曰：民愚，则知可以王；世知⑮，则力可以王。民愚，则力有余而知不足；世知，则巧有余而力不足。民之生，不知则学，力尽而服⑯。故神农教耕而王天下，师其知也；汤、武致强而征诸侯，服其力也。夫民愚，不怀知而问⑰；世知，无余力而服。故以王天下者并刑，力征诸侯者退德⑱。

[注释]

⑭此句意为，王道与臣道是两种道，但遵循的准则是一致的。

⑮世知，世俗崇尚智巧。

⑯人类的本性是无知才会去学习，力不如人才会顺服。生，高亨认为，当假为"性"。

⑰怀，具备。

⑱陶鸿庆说，"以"字下少一"知"字。并，俞樾认为，通"屏"，屏除。退，废弃。

[译文]

王道与臣道虽然是两种道，但遵循同样的准则。所以说，民众愚昧，就可以用智慧称王；世俗崇尚智巧，就可以用强力称王。民众愚昧，力量有余而智慧不足；世俗尚智，智巧有余而力量不足。人的本性是当自己无知才会去学习，实力不如别人才会顺服。因此神农氏教人们耕作，就称王天下，这是让人们学习他的智慧；商汤、周武王追求强大而征伐诸侯，是让诸侯顺服于他们的实力。民众愚昧，没有知识才会请教他人；世俗尚智，没有力量就得屈服于人。所以说以智慧称王于天下的人，摒除刑罚而不用，以实力征伐诸侯的人，废弃道德而不用。

圣人不法古，不脩今⑲。法古则后于时，脩今则塞于势⑳。周不法商，夏不法虞㉑，三代异势，而皆可以王。故兴王有道，而持之异理。武王逆取而贵顺㉒，争天下而上让。其取之以力，持之以义㉓。今世强国事兼并，弱国务力守，上不及虞、夏之时，而下不脩汤、武。汤、武塞㉔，故万乘莫不战，千乘莫不守。此道之塞久矣，而世主莫之能废也，故三代不四㉕。非明主莫有能听也，今日愿启之以效㉖。

[注释]

⑲脩，当作"循"。

⑳势，时势。

㉑虞，虞舜，上古的帝王。

㉒逆取而贵顺，以反叛而取天下，但得到天下后提倡顺从。

㉓义，礼义。

㉔汤、武塞，指汤武不效古人的致强之道被堵塞了。

㉕废，朱师辙认为，当借为"发"。三代不四，像夏、商、周三代那样建立新的朝代。

㉖启，陈述。效，成效。

[译文]

圣人不效法古代，也不拘泥于现在的制度。效法古代就落后于今天，拘泥于现在就会无法适应时势的发展。周朝没有效法商朝，夏朝没有效法虞舜，三代的情势不一样，但是都称王于天下。创立王业有一定的办法，维持王业有不同的准则。周武王以反叛取天下，之后又提倡顺从，暴力夺得天下后，又推崇推让。他以实力取天下，以礼义治天下。现在各个强国只知道互相兼并，弱国只知道守御国土，往上说比不了虞舜、夏朝那个时代，往下说又不遵循商汤、周武王之道。商汤、周武王不效古人的致强之道被堵塞了，所以，有一万辆战车的大国没有不整日互相攻打的，有一千辆战车的小国都只顾自保。商汤、周武王那种不效古人的致强之道已堵塞久了，世上的君主没人能重新开出这条道路，因此无法像夏、商、周三代那样建立新的朝代。这个道理不是圣明的君主是不会听的，现在我愿意从政治成效上说明这个道理。

古之民朴以厚，今之民巧以伪。故效于古者，先德而治；效于今者，前刑而法㉗。此俗之所惑也。今世之所谓义者，将立民之所好，而废其所恶；此其所谓不义者，将立民之所恶，而废其所乐也。二者名贸实易㉘，不可不察也。立民之所乐，则民伤其所恶；立民之所恶，则民安其所乐。何以知其然也？夫民忧则思，思则出度㉙；乐则淫，淫则生佚。故以刑治则民威㉚，民威则无奸，无奸则民安其所乐。以义教则民纵，民纵则乱，乱则民伤其所恶。吾所谓利者，义之本也；而世所谓义者，暴之道也㉛。夫正民者，以其所恶，必终其所好；以其所好，必败其所恶㉜。

[注释]

㉗先德而治，把道德放在治国的首位。前刑而法，将刑罚作为法治的首要。

㉘世人所谓义，其实质是不义，名称与实质恰好颠倒。名，名称。贸，高亨认为，"贸"与"易"同义。

㉙出，蒋礼鸿案："出亦生也。"从蒋说。度，法度。

㉚威，通"畏"。

㉛暴之道，暴乱的途径。

㉜败其所恶，被他们厌恶的事所伤害。

[译文]

古时的民众淳朴厚道，今天的民众巧诈奸伪。在古代，把道德放在治国的首位就能见效；而今天，将刑罚作为法治的首要才能见效。这是世俗之人所不明白的。现在所谓的义，是建立人们所喜爱的，而废弃人们所厌恶的（刑罚之类）；而所谓的不义，是建立人们所厌恶的，而废弃人们所喜爱的。这名称与实质恰好完全颠倒，不可以不详细考察啊。建立人们所喜爱的，则人们必会被他们所厌恶的伤害，而建立人们所厌恶的，则会反过来，人们将得以享受其所喜爱的。怎么知道是这样的呢？民众忧愁就会思虑，思虑就会遵守法度；安乐就会过分，过分就会淫佚放荡。因此，以刑罚作为法治之要，则民众心怀畏惧，心怀畏惧就没有奸邪之行，没有奸邪，民众就得以享受其所喜爱的事。以所谓的"义"教化民众，民众就会放纵，放纵就产生混乱，社会混乱，民众就会被其所厌恶的事伤害。我所说的"利"，就是义的根本；而世人所说的"义"，其实是开启暴乱的途径。治理民众的人，以其所厌恶的刑罚来治理民众，民众最终得以做他们喜欢的事；以其所喜欢的事来治理民众，民众最终会被他们厌恶的刑罚所伤害。

治国刑多而赏少，故王者刑九而赏一，削国赏九而刑一㉝。夫过有厚薄，则刑有轻重㉞；善有大小，则赏有多少。此二者，世之常用也。刑加于罪所终，则奸不去；赏施于民所义，则过不止。刑不能去奸而赏不能止过者，必乱。故王者刑用于将过，则大邪不生；赏施于告奸，则细过不失。治民能使大邪不生，细过不失，则国治。国治必强。一国行之，境内独治。二国行之，兵则少寝。天下行之，至德复立。此吾以杀刑之反于德，而义合于暴也㉟。

[注释]

㉝削国，削弱之国。

㉞人犯的过错有大有小，相应的刑罚也与此相称而有轻有重。

㉟杀与刑反而符合道德，而礼义则与暴乱之道相通。

[译文]

治理国家应当令刑罚多而赏赐少，称王的国家刑罚占九分赏赐占一分，削弱之国赏赐占九分而刑罚占一分。人们的过错有大有小，受到的刑罚也与此相称而有轻有重；善行有大有小，相应的赏赐也有多有少。这两种做法，是世上常用的。但是等到犯了罪才去处罚，奸邪就不会终止；赏赐用在那些人们认为"义"的事上，人们就会不断犯错。刑罚不能去除奸邪，赏赐不能制止过错，国家必乱。因此，成就王业的国君在人们犯罪之前就用刑罚威慑，大奸行为就不会产生；用赏赐奖励人们告奸，那么连微小的过失都不会遗漏。治理民众能使大奸行为不产生，细微的过错不遗漏，国家就会得到治理。国家得到治理，就会变强大。在一国实行此道，境内就会治理得很好。两个国家这样做，战争就会稍微停止。天下都这么做，最高道德的社会就会重新建立起来。这就是我说的杀与刑反而符合道德，而礼义则与暴乱之道相通。

古者，民藂生而群处㊱，乱，故求有上也。然则天下之乐有上也，将以为治也。今有主，而无法，其害与无主同；有法不胜其乱，与无法同。天下不安无君，而乐胜其法，则举世以为惑也㊲。夫利天下之民者莫大于治，而治莫康于立君，立君之道莫广于胜法，胜法之务莫急于去奸，去奸之本莫深于严刑㊳。故王者以赏禁，以刑劝；求过不求善，藉刑以去刑㊴。

[注释]

㊱藂（cóng），丛。

㊲天下不安无君，而乐胜其法，天下人不愿意没有君主，但却喜欢破坏法度。胜，克服。

㊳康，大。《史记·屈原贾生列传》："斡弃周鼎兮宝康瓠。"《索隐》引李巡云："康谓大瓠也。"胜，任。

㊴藉，借。

[译文]

古代的时候，人民群居杂处，社会混乱，因此大家想要设立君主。这样来看，天下人是希望有君主，愿意由君主来治理的。今天虽然有君主，却没有法度，这害处与没有君主是一样的；虽有法度，却不能克服混乱，与没有法度是一样的。天下人不愿意没有君主，但却喜欢破坏法度，这太令天下人困惑了。想要对天下民众有利，没有比社会安定更好的了，想要社会安定，没有比设立君主更有效的了，设立君主的办法，没有比实行法治更好的了，实行法治，没有比除去奸邪更为紧迫的了，去除奸邪的根本，没有比严刑峻法更适用的了。因此王者以赏赐来禁止人们犯罪，以刑罚来劝勉人们上进；追究人们的过错，而不寻求人们所谓的善行，借助刑罚以达到去除刑罚的目的。

壹言第八

[题解]

壹，统一。言，按照文中提到的，为"国务"。壹言，指统一政务。统一政务是农战的前提条件，只有统一政务，严明治法，详察制度，才能驱民农战。而农战，则是统一政务的主要目的，是"事本"，其本身也要依靠统一政务来推行，如：采取贵农贱商、抑制技艺之民与游学之人等政策。

凡将立国，制度不可不察也，治法不可不慎也，国务不可不谨也，事本不可不抟也①。制度时②，则国俗可化，而民从制；治法明，则官无邪；国务壹，则民应用③；事本抟，则民喜农而乐战。夫圣人之立法、化俗，而使民朝夕从事于农也，不可不知也④。夫民之从事死制也，以上之设荣名、置赏罚之明也，不用辩说私门而功立矣⑤。故民之喜农而乐战也，见上之尊农战之士，而下辩说技艺之民⑥，而贱游学之人也。故民壹务，其家必富，而身显于国。上开公利而塞私门，以致民力；私劳不显于国，私门不请于君。若此，而功臣劝，则上令行而荒草辟，淫民止而奸无萌。治国能抟民力而壹民务者，强；能事本而禁末者，富⑦。

[注释]

①本，指农战为国家根本。

②时，合乎时宜。

③应用，为所用。

④严本注："一切旧本知作变，此依秦本。"

⑤私门，权贵门下。

⑥下，贬低，抑制。

⑦末，指工商、游说之类。

[译文]

要建立和治理好国家，不可以不详察制度的好坏，不可以不对治理之法谨慎，对政务不可以不小心处理，对国事的根本农战不可以不专一。制度合乎时宜，国家的风俗就可改变，而民众就愿意遵从制度；政策法度明晰，官吏就没有奸邪；政务统一，民众就易为国家所用；农战专一，民众就喜欢农作，乐于战斗。圣人设立法制、变化风俗，使民众每日从事于农耕，这个道理不可不懂得。民众肯为国家的制度效死，是因为君主设置了令人显荣的爵位，制定了明确的赏罚制度，人们不用四处游走辩说，依附于权贵之门就能拥有功名。因此，民众喜欢农作，乐于战斗，是因为见到君主尊崇农民和战士，抑制辩说、技艺之民，而鄙视游学之人。民众专一于农战，他的家庭必然会变富裕，自身也会显荣于国家。君主打开因公获利之门而堵塞以私谋利之门，就能获得民众的力量；为权贵效劳的人不再显荣于国家，权贵之门也不能请求国君赏赐官爵。如果能做到这样，功臣就得到劝勉，君主的政令通行，荒地得到开垦，浮荡之民被禁止，奸邪就不会产生。国家能够凝聚民力、统一政务，就会变强大；国家能推行农战而限制工商、游说，就会变富裕。

夫圣人之治国也，能抟力，能杀力。制度察则民力抟⑧，抟而不化则不行⑨，行而无富则生乱。故治国者，其抟力也，以富国强兵也；其杀力也，以事敌劝民也。夫开而不塞，则短长⑩；长而不攻，则有奸；塞而不开，则民浑⑪；浑而不用，则力多；力多而不攻，则有奸虱⑫。故抟力以壹务也，杀力以攻敌也。治国者贵民壹，民壹则朴，朴则农，农则易勤，勤则富。富者废之以爵⑬，不淫；淫者废之以刑，而务农。故能抟力而不能用者必乱，能杀力而不能抟者必亡。故明君知齐二者，其国强；不知齐二者，其国削⑭。

[注释]

⑧察，详明。

⑨化，教化。行，使用。

⑩短长，陶鸿庆说："短乃知字之误，知与智同。"长，增长。

⑪浑，愚昧。

⑫虱，见《去强》篇注释。陶鸿庆认为，"有奸"与"有虱"相对成文，此"奸"字句中重出，当为衍文。

⑬富者废之以爵，诱使富人捐献财物购买官爵，令他们变穷。

⑭齐，调剂，于鬯说："齐之言剂也。"二，指抟力与杀力。

[译文]

圣人治理国家，既能够凝聚民力，也能消耗民力。制度详明，民力就凝聚起来了，民力凝聚起来而不进行教化，就无法使用，使用了民力，却不能让民众富有，国家就会生乱。治理国家的人，凝聚民力的目的是富国强兵；消耗民力的目的是为了对付敌人、鼓励民众。开启民智而不堵塞，民众的知识就会增长；知识增长而不去攻打外敌，内部就会产生奸邪。堵塞民智而不开启，民众就会保持愚昧；民众愚昧而不使用民力，民力就越聚越多；民力多而不攻打外敌，就会产生虱害。因此，要团结民力，将其用于专一农作，消耗民力，将其用于攻打敌人。治国贵在令民众专一，民众专一就淳朴，淳朴就会务农，务农就会勤快，勤快就能致富。对于富人，要以官爵诱使他们捐献财富，令其变穷，这样他们就不能骄奢淫逸了；对于浮荡的人，要以刑罚禁止其四处游荡，这样他们就从事农作了。能够凝聚民力而不能消耗民力的国家必然会混乱，能够消耗民力却不能凝聚民力的国家必然会灭亡。因此，圣明的君主知道如何调剂抟力与杀力，他的国家就会变强大；那些不知道调剂二者的，他的国家就会削弱。

夫民之不治者，君道卑也；法之不明者，君长乱也⑮。故明君不道卑，不长乱也。秉权而立，垂法而治⑯，以得奸于上，而官无不；赏罚断，而器用有度⑰。若此，则国制明而民力竭，上爵尊而伦徒举⑱。今世主皆欲治民，而助之以乱，非乐以为乱也，安其故而不窥于时也⑲。是上法古而得其塞，下修令而不时移⑳，而不明世俗之变，不察治民之情，故多赏以致刑，轻刑以去赏。夫上设刑而民不服，赏匮而奸益多。故民之于上也，先刑而后赏。故圣人之为国也，不法古不修今㉑，因世而为之治，度俗而为之法。故法不察民之情而立之，则不成；治宜于时而行之，则不干㉒。故圣王之治也，慎为、察务，归心于壹而已矣。

[注释]

⑮卑，低劣。长，助长。

⑯垂，公布。严本"治"字前有一"法"字，朱师辙说诸本皆无此字。当为衍文。

⑰无不，高亨认为，"不"字通"否"，否，恶也。朱师辙断句下属，为"而官无不赏，罚断而器用有度"，亦可通。

⑱伦，辈。徒，众。

⑲窥，观察。

⑳修，高亨认为，"修"当作"循"。

㉑参《开塞》篇"圣人不法古，不脩今"知"脩"当为"循"。

㉒干，冒犯。

[译文]

民众治理不好，是因为君主治国之道低劣；法度不明晰，是因为君主助长了混乱。圣明的君主治国之道不低劣，不助长混乱。君主把握权柄来主持国家，公布法度而治理国事，洞察臣下的奸邪行为，官吏就不敢为恶；赏罚分明，器用就会有固定的标准。能做到这样，国家制度就明晰，人民肯为国尽力，朝廷的爵位受到民众的尊崇，人们都得到鼓舞而振作。现在的君主本意想要治理好民众，但是实际上却在助长混乱，他们不是喜欢国家混乱，而是安于旧俗，不愿观察时势而对政策加以变化。他们效法古代，学来了一些在现实中闭塞不可行的治国办法，下面的人又拘泥于现在的一些习惯做法，不知道依时调整，看不到世风的变化，不了解民情，因此采取多赏的政策，结果造成民众遭受更多的刑罚，而用刑太轻又使得赏赐失去了作用。君主设置刑罚而民众不服从，赏赐已用尽，奸邪却更多了。因此，国君对于人民，要先实行刑罚后实行赏赐才有效果。圣人治理国家，不盲目效法古代，也不拘泥于现在的一些做法，而是依据时势制定政策，度量世风而设立法度。不考察民情制定的法度，就不能成功；对适宜于时代而实行的政策，人民就不会去冒犯和抵制。圣人治理国家，一定会谨慎做事，认真考察政务，使民众归心于农战这一件事上。

错法第九

[题解]

错法，就是建立和实施法度。当法度建立起来，就应该依法施政，有了法度这个标准，君主就无忧无劳，而民众也会依据法度获得利益。与《去强》等篇强调刑罚，很少谈及赏赐不同，《错法》通篇都在论述赏赐的重要性以及如何使用赏赐。其实刑罚与赏赐都是法度的重要内容，虽然作者主张重刑轻赏，但赏赐也并不是可有可无，并且唯因重刑轻赏，才必须对赏赐采取审慎态度，也就更有必要严格申明实行赏赐的大义。君主要杜绝私情，一切秉持公开公平的原则。从法治的效果来说，不仅要令民众对法度心生畏惧，还要以法度来满足其获得财富与功名的欲望，"使其民尽力以竞于功"，从而获得遵守法度的自主性，使法度的维护有了更为牢固的保障。同时，一切依法度规矩行事，也避免了由于君主个人道德、能力禀赋的差异而带来的施政上的随意性，使国家政策能够长期贯彻执行。

臣闻：古之明君错法而民无邪①，举事而材自练②，赏行而兵强。此三者，治之本也。夫错法而民无邪者，法明而民利之也。

举事而材自练者,功分明;功分明,则民尽力;民尽力,则材自练。行赏而兵强者,爵禄之谓也。爵禄者,兵之实也。是故人君之出爵禄也,道明③。道明,则国日强;道幽,则国日削。故爵禄之所道,存亡之机也④。夫削国亡主非无爵禄也,其所道过也。三王五霸其所道不过爵禄,而功相万者⑤,其所道明也。是以明君之使其臣也,用必出于其劳,赏必加于其功。功赏明,则民竞于功⑥。为国而能使其民尽力以竞于功,则兵必强矣。

[注释]

①错,通"措",实施。

②举事,兴办事业。

③道明,实施的原则光明公正。

④机,关键。

⑤三王五霸,三王,夏禹、商汤、周武王。五霸,《四书章句集注》解释五霸有两种说法,一为齐桓公、晋文公、秦穆公、宋襄公、楚庄公,一为昆吾、大彭、豕韦、齐桓公、晋文公,战国时人所称的五霸多指前者。《孟子·告子下》:"五霸者,三王之罪人也;今之诸侯,五霸之罪人也。"另,《荀子·王霸》称五霸为"五伯",分别为齐桓公、晋文公、楚庄王、吴王阖闾、越王勾践。相万,相差万倍。

⑥竞,竞争。

[译文]

我听说古代的明君建立和实施法度,使得民众没有奸邪,举办各项事业进而人才自然练就，颁布赏赐之法进而兵力强大。这三样东西，是国家治理的根本。实施法度民众没有奸邪，是说法度明晰，对民众有利。举办事业练就人才，是说功绩的制定标准分明。功绩分明，民众就会尽力；民众尽力，人才自然就锻炼出来了。颁布赏赐之法而兵力强大，说的是官爵和俸禄。官爵和俸禄，是兵力的根本。君主要以光明公正的原则，按照功劳给予臣民爵禄。光明公正，国家就会日益强大；不光明公正，国家就日益削弱。这个官爵与俸禄如何给予的原则，就是国家兴亡的关键。削弱的国家，亡国的国君并非没有爵禄，而是把授予臣民爵禄的办法弄错了。三王五霸也不过就是给人爵禄，但效果却相差万倍，是因为他们给予爵禄的原则光明公正。因此圣明的君主役使大臣，一定凭借他们平时尽力多少来加以任用，根据功劳大小赏赐他们。功赏分明，民众就会竞争立功。治理国家能够使民众尽力争着立功，兵力必然强大。

同列而相臣妾者，贫富之谓也⑦；同实而相并兼者⑧，强弱之谓也；有地而君，或强或弱者，乱治之谓也。苟有道，里地足容身，士民可致也⑨；苟容市井，财货可聚也。有土者不可以言贫，有民者不可以言弱。地诚任，不患无财；民诚用，不畏强暴。德明教行，则能以民之有为己用矣⑩。故明主者用非其有，使非其民⑪。

[注释]

⑦身份地位相同的人，却由于贫富悬殊，一方役使另一方。

⑧同实而相并兼,指国家实力相仿,一国却能兼并另一国。

⑨苟,只要。里地,一里土地。致,招徕。

⑩教,在这里指的是法度的教化,不是儒家所说的道德教化。

⑪明主,朱师辙说:"各本俱作明王。"高亨说:"按下文有'明王',原本当均作明王或明主,不应错出。"用非其有,即指君主用民之有为己有。使非其民,指招徕和役使本不属于己国的民众。

[译文]

人们地位相同,却一方役使另一方,这是由于贫富悬殊的缘故;国家实力相仿,却一国兼并另一国,这是因为国力强弱的不同;国君都拥有土地,却有强有弱,这是由于国家治理有好有坏的缘故。只要有良好的治国之道,一里仅够容身的土地也可以招徕民众;只要允许做买卖,就能积聚起财富。拥有土地的人,不能说他贫穷,拥有民众的人,不可以说他弱小。只要很好地利用土地,不必担心没有财富;只要很好地使用民众之力,不必担心外国的强大与欺凌。君主道德圣明,教化通行,就能把民众所有的化为己有。圣明的君主所用的东西,未必是自己的,他役使的民众,也未必是己国的。

明王之所贵,惟爵其实,爵其实而荣显之⑫。不荣,则民不急列位;不显,则民不事爵;爵易得也,则民不贵上爵;列爵禄赏不道其门,则民不以死争位矣。人君而有好恶⑬,故民可治也。人君不可以不审好恶。好恶者,赏罚之本也。夫人情好爵禄而恶刑罚,人君设二者以御民之志⑭,而立所欲焉。夫民力尽而爵随之,功立而赏随之，人君能使其民信于此如明日月，则兵无敌矣。

[注释]

⑫爵其实，把官爵给予实际有功劳的人。第二个"爵其实"为衍文。荣显之，使他显赫荣耀。

⑬人君，陶鸿庆说"君"当作"生"。

⑭御，治理，统治。

[译文]

圣明的君王所看重的，是要把官爵给予实际有功劳的人，以爵位来使他显赫荣耀于世。有了爵位而不荣耀，民众就不会急于得到爵位；有了爵位而不显贵，民众就不会追求爵位；爵位太容易获得，民众就不会尊重爵位；不以正当的方式赐爵与赏赐，民众就不会为争夺爵位而效命。人天生都有好恶，掌握人性这一点，民众就能够被治理好。君主不可以不详察人性好恶的所在。好恶是赏罚的根本。人的本性喜好爵禄而厌恶刑罚，君主就设立这两项，以此统治民众的情志，树立民众想要得到的东西。民众尽了力，就会得到爵禄，立了功，就会得到赏赐，国君要能使民众相信这一法度的公平，如同相信太阳和月亮的光明一样，兵力就会无敌于天下。

人君有爵行而兵弱者，有禄行而国贫者，有法立而乱者。此三者，国之患也。故人君者，先便请谒而后功力⑮，则爵行而兵弱矣。民不死犯难而利禄可致也⑯，则禄行而国贫矣。法无度数，而事日烦，则法立而治乱矣。是以明君之使其民也，使必尽力以规其功⑰，功立而富贵随之，无私德也，故教流成⑱。如此，则臣忠、君明，治著而兵强矣⑲。故凡明君之治也，任其力不任其德，是以不忧不劳，而功可立也。

[注释]

⑮请谒，私人请托。

⑯陶鸿庆认为，"死"字上当有一"轻"字。

⑰规，求。

⑱流，高亨认为，当作"法"。按"教流"亦可通，即指教化。

⑲著，显著。

[译文]

有的国君授人爵位却兵力弱小，有的国君颁布赏赐之法国家却贫穷，有的国君设立法度国家却混乱。这三种情况，是国家的祸患。因此，国君如果授人爵位的时候优先考虑那些私人请托者，而把真正有功劳的人置之于后，那么虽然也授爵位，但兵力就会弱小了。民众如果不用冒着生命的危险就能轻易获得利禄，那么虽然有利禄，国家也就贫穷了。有法度但无标准，事务繁多，虽有法度，治理却依然混乱。所以，圣明的君主役使民众，一定使民众尽自己的力量以谋求功绩，有了功绩，也就有了富贵，国君行事以公，不讲私情，法度的教化就会成功。这样的话，大臣尽忠，君主圣明，治效显著，兵力就强大。圣明的君主治理国家，任用民众的力量，而不任用他们的道德，因此不用担忧也不用操劳，就能建功立业。

度数已立，而法可修[20]。故人君者不可不慎已也。夫离朱见秋豪百步之外，而不能以明目易人；乌获举千钧之重，而不能以多力易力[21]。夫圣人之存体性，不可以易人，然而功可得者，法之谓也[22]。

[注释]

[20]修，此处当作"循"。

[21]离朱，即离娄，古之明目者，目力极好。秋豪，野兽秋天所换的细毛。豪，通"毫"，细而尖的毛。易，通"赐"，给予。乌获，古之力士。钧，三十斤。

[22]体性，本性。

[译文]

法度的标准设立以后，一切都有规矩，人们就可以依法行事了。因此，国君不可以用不谨慎的态度来对待自己。古时的离朱能看见百步之外野兽的毫毛，但不能把自己的好眼力给别人；乌获有能举千钧的力量，但不能把自己的大力气给予别人。圣人具有的优良本性与品德也不能转给别人，然而明君却能够建功立业，这是因为建立法度的缘故。

战法第十

[题解]

《战法》讲的是作战之法。商鞅变法的核心是农战，对军事问题很重视，这一篇与后面的《立本》《兵守》两篇都是商鞅的军事论著。本篇提出战争的根本问题是政治，把政治的重要性提高到前所未有的高度。文中说政治是军事的保证，在具体的战争过程中，将领的选拔十分关键，而政治则是战争胜败的决定性因素。假如一方政治优于另一方，即使将领不如对方贤明，长期来看最后也会赢得战争。战争是国力的长期比拼，不会受到个别人为因素的影响，而政治的好坏则决定了综合国力的高低。将领的贤明，会表现在局部战役的胜败上，但不是战争胜负的决定性因素。这种观点，在秦灭六国的战争中得到了证明，六国不乏名将，也多次在战役层面击败过秦国，但政不如秦，战场上的胜利无济于事，最终逃脱不过被秦兼并消灭的结果。在具体的军事原则方面，文中提出要在战争初期"论敌察众"，知己知彼，对溃败之敌不要穷追，以防埋伏，"溃而不止，则免"，这些观点与当时流行的《司马法》《孙子兵法》等兵书接近。商鞅还主张，"胜而不骄者，术明也；败而不怨者，知所失也"。这其实是说战争具有客观规律，凡是符合战争规律的，就会获胜，反之则会失败。这种战争的客观规律，类似于法条，排除了个人性和随意性，是不以人们的主观意志为转移的。

凡战法必本于政胜，则其民不争①，不争则无以私意，以上为意。故王者之政，使民怯于邑斗，而勇于寇战②。民习以力攻难③,故轻死。见敌如溃,溃而不止,则免④。故兵法:"大战胜,逐北无过十里。小战胜,逐北无过五里⑤。"

[注释]

①政胜,政治上的优胜。陶鸿庆认为,"则其民不争"前当有"政胜"二字。

②邑斗,与本乡邑人争斗。寇战,与外敌战斗。商鞅禁止人民私斗,司马迁《史记·商君列传》说:"有军功者,各以率受上爵;为私斗者,各以轻重被刑大小。"《史记·货殖列传》说齐人"怯于众斗,勇于持刺",正好与此相反。

③严本"以力攻难"后有"难"字,朱师辙认为是衍文,据朱说改。

④免,不再追赶。

⑤此处说的兵法不知所指何书,《司马法》:"古者逐奔不过百步,纵绥不过三舍。"与此句相似,三舍,九十里。

[译文]

作战的原则,要以政治的优胜为基础。政治上优胜,民众就不互相争斗,不互相争斗,就不会按照各自的私意行事,而是以国君的意志为己意。所以,王者治理国家,使人民不敢在乡邑私自争斗,而是勇于与外敌作战。人民习惯了攻打敌人的险要之地,就不畏惧死亡。见到敌人溃败不止,不要盲目追击。兵法说:"大战获胜,不要追击超过十里。小战获胜,不要追击超过五里。"

兵起而程敌⑥，政不若者，勿与战；食不若者，勿与久；敌众勿为客⑦；敌尽不如，击之勿疑。故曰：兵大律在谨⑧，论敌察众⑨，则胜负可先知也。

[注释]

⑥程，量。

⑦客，发起攻击的一方为客。

⑧大律，根本的原则。

⑨论，分析研究。

[译文]

军队作战前，要对敌人做出实力的评估，自己国内的政治不如对方，就不要作战；粮草不如对方，不要跟对方打持久战；敌人人数众多，就不要主动发起攻击；敌人如果这几点都不如自己，就果断攻击不要迟疑。因此说，用兵根本的原则在于谨慎，要分析研究敌情，考察双方兵力的多少，胜负的结果就可以提前知道了。

王者之兵，胜而不骄，败而不怨。胜而不骄者，术明也⑩；败而不怨者，知所失也。

[注释]

⑩术，指用兵之道。

[译文]

　　王者用兵打仗，胜利了不会骄傲，打败了也不会怨恨。战胜而不骄傲，是因为他的用兵之道高明；战败而不怨恨，是因为知道哪一点没有做好。

　　若兵敌强弱⑪，将贤则胜，将不如则败。若其政出庙算者⑫，将贤亦胜，将不如亦胜。持胜术者⑬，必强至王。若民服而听上，则国富而兵胜，行是，必久王⑭。

[注释]

　　⑪陶鸿庆认为，"敌"当在"强弱"下。从陶说。敌，相当。
　　⑫庙算，指朝廷的决策。
　　⑬严万里说："秦本持上有政久字。"胜术，战胜之术。
　　⑭必久王，孙诒让认为，当作"久必王"。

[译文]

　　如果双方的士兵战斗力差不多，那么哪一方的将领更为贤明就会取胜，将领不如对方的则会失败。如果朝廷的战场决策正确，将领贤明者一定会胜利，就算将领不如别人，也会取胜。长期能保持政治优胜的国家，必然强大乃至称王。如果民众顺服于君主，听从君主的政令，国家就会富裕，军队就会打胜仗，长期如此，必然称王。

　　其过失，无敌深入⑮，偕险绝塞，民倦且饥渴，而复遇疾，此其道也⑯。故将使民者乘良马者,不可不齐也⑰。

[注释]

⑮无敌,高亨认为,义为没有遇到敌人。朱师辙认为,"无"字训"丰","无敌"为敌人众多之义。蒋礼鸿认为,"无"字可训为"慢",无敌,即慢敌。按,无敌之"无"当为本义,无敌即目中无敌,轻视对方。

⑯偕险绝塞,孙诒让认为,"偕"为"偝"之误,"偝"与"背"同。绝,横渡,横着越过。塞,关塞。民,此处的民指士兵。此其道,朱师辙认为,"此"为"北"之义,即败北。从朱说。

⑰齐,调剂。

[译文]

用兵的过错在于目中无敌,深入敌境,背靠险地,横渡关塞,士兵疲倦而且饥渴,又遭遇疾病流行,这就是用兵失败的道理。因此,将领统御军队就像乘良马,不可以不适时调剂它的力量。

立本第十一

[题解]

立本之义,是建立使国家强大的根本,这个根本就是法治。国家有了法治,就会积累起来物质财富,于是与敌战斗的资本就有了,同时,也可以此奖励战士英勇作战。这样，国家就具备了超过对手的"势"。具体的过程是在战争未起时就设立法度，以此形成民众乐于守法的风俗，这一风俗养成后，国家就能准备好用于战争的物质资源。但实现这一切的条件是：君主有建立法治的意愿，并以坚决的意志实行法治。

凡用兵，胜有三等①，若兵未起则错法②，错法而俗成，而用具③。此三者必行于境内，而后兵可出也。行三者，有二势：一曰辅法而法行，二曰举必得而法立④。故恃其众者，谓之葺⑤；恃其备饰者⑥，谓之巧；恃誉目者⑦，谓之诈。此三者恃一，因其兵可禽也。故曰：强者必刚斗其意⑧，斗则力尽，力尽则备，是故无敌于海内。治行则货积，货积则赏能重矣⑨。赏壹则爵尊，爵尊则赏能利矣⑩。故曰：兵生于治而异，俗生于法而万转，过势本于心而饰于备势⑪。三者有论⑫，故强可立也。是以强者必治，治者必强；富者必治，治者必富；强者必富，富者必强。故曰：治强之道三，论其本也⑬。

[注释]

①等，次序。

②错法，见《错法》篇注①。

③而用具，孙诒让认为，"而用具"前当有"俗成"二字。用，指器用。

④势，条件，措施。辅，辅助，引申为支持。举，兴办。得，得当。

⑤茸，以茅草盖屋顶，看似厚重而实际不坚固。

⑥备，战备器用。饰，修整。

⑦誉目，沽名钓誉，获取别人的称誉。

⑧刚斗，令其争斗的志向坚决。刚，坚。

⑨重，丰厚。

⑩利，指对人民有利。

⑪万转，千变万化。过势，压倒敌国的气势。

⑫论，通"伦"，条理，次序。

⑬严本无"三"字，据朱师辙说补。论，论说，考察。

[译文]

大凡国家用兵，能获胜都有三个次序。战争未起的时候就设立法度；设立了法度，就要培养民众乐于守法的风俗；风俗养成后，就要准备好用于战争的器用。将这三者推行于国内，才可以出兵。推行这三件事有两个条件，一是君主要积极支持推行法治，二是国君兴办一切事业要举止得当，这样法度才可以建立起来。因此，仗着人多就以为能打仗，其实这就像用茅草盖屋，看似厚重而不坚固；依恃着器用完备，其实只不过是徒具工巧而已；仅仅凭借虚名就想谋取实利，那叫作欺诈。以上三项只要依赖一种，他的军队就会被人打败。因此说：对于强者，一定要令他与别人争斗的意志坚决，坚决就会尽力，尽力，战争的准备就做好了，这样的国家就天下无敌。法治推行，财货就积累起来，财货越积越多，能给人赏赐的物资也就丰厚。赏赐专一，爵位就会受到尊重，爵位受尊重，人民就能从赏赐中得利。因此说：兵力出于政治，由政治的好坏而造成兵力的强弱；各国的风俗出于法治，由法治的好坏而变得千差万别；压倒敌国的气势是本之于上下的意愿和决心，再加上战备器用的修整。这三者有条理有次序，国家就能变强大。强国必定推行法治，推行法治的国家必定强大；富有的国家必定推行法治，推行法治的国家必定富有；强大的国家必定富有，富有的国家必定强大。所以说，治国强兵的道理有三条，要考察其根本。

兵守第十二

[题解]

　　《兵守》篇讲的是守城之道。本篇谈了三个问题：其一，是战略层面的，不同国家有各自的特点，有"四战之国"，也有"负海之国"，其面临的安全形势是不一样的，应当依据周围形势来制定相应的国策；其二，守城战斗有"生力"与"死力"的较量，守与战就是生力与死力的转化；其三，怎样组织民众防御，如何保持守城者的斗志。依据文义，本篇第一段谈到的"四战之国"不太符合秦国的情况，倒是具备韩、魏等国的特征，故有可能是商鞅在入秦前的作品。文中提出的主、客军观念亦见于《墨子·城守篇》，可见是当时流行的说法，并不是商鞅个人的发明，而编壮男、壮女、老弱各为一军的记载也见于该篇。

　　四战之国贵守战，负海之国贵攻战①。四战之国，好举兴兵以距四邻者②，国危。四邻之国一兴事，而己四兴军③，故曰国危。

四战之国，不能以万室之邑舍巨万之军者④，其国危。故曰：四战之国务在守战。

[注释]

①四战之国，指周围都是敌国，没有战略后方的国家。负海之国，背后有大海依靠的国家，只需应对前方的国家，如齐国。

②举，俞樾认为"举"为衍文。距，困扰。《广雅》："距，困也。"

③邻国有一国进攻，自己就要防备四面，以防其他国家也趁机攻取。

④舍，驻扎。巨万，一万以上。

[译文]

四面受敌的国家应该注重防御性的战争，背靠大海的国家应该注重进攻性的战争。四面受敌的国家，又喜欢兴兵打仗，骚扰邻国，这样的国家就危险了。周围有一个敌国来进攻，自己就得防备四个方向，因此说，国家就危险。四面受敌的国家，如果不能在一万户人口的城邑驻扎一万人以上的军队，国家就危险了。因此说，四面受敌的国家应该注重防御性的战争。

守有城之邑，不如以死人之力与客生力战⑤。其城拔者⑥，死人之力也，客不尽夷城⑦，客无从入，此谓以死人之力与客生力战。城尽夷，客若有从入，则客必罢，中人必佚矣⑧。以佚力与罢力战，此谓以生人力与客死力战⑨。皆曰："围城之患，患无不尽死而邑⑩。"此三者⑪，非患不足，将之过也。

[注释]

⑤如，朱师辙认为，"如"当为"知"字之误。文中谈及的"死力"与"生力"都有两重含义。死力兼有死守之力与疲惫之力的含义，生力兼有进攻之力与安逸之力的含义。此处的死力与生力均指前者。客，参《战法》篇注⑦。

⑥其城拔者，高亨认为，"拔"字前缺一"不"字，朱师辙认为，"拔"字为句断，"者"字属下句，当作"若"，朱说为胜。拔，攻下。

⑦夷，破坏，毁灭。

⑧佚，安逸。

⑨生人力，高亨认为，"生人力"当为"人生力"，此处生力指以逸待劳之力，即所谓生力军。死力，指疲惫之力。

⑩高亨认为，"死"字后当有一"力"字。邑，朱师辙认为，《评校》本"邑"作"亡"。按，"邑"字为"亡"字之误，文义方可通。

⑪三，当为"二"之误。

[译文]

守卫有城墙的都邑，不懂得用军民死守之力与来犯之敌的进攻之力较量，城池就会被攻下。如果懂得使用死守之力，敌军若不把城墙完全摧毁，就没办法攻进城来，这就叫以死守之力与敌军进攻之力作战。城墙完全摧毁了，敌军就算打进来，他们也一定疲惫至极了，而守方则以逸待劳保存了战力。用得到休息的安逸之力与疲惫之力战斗，这就叫用生力与死力较量。人们都说："城邑被围困，怕的就是不尽死守之力而被攻下。"这两项，不是担心力量不够，而是担心将领的指挥失误。

守城之道，盛力也⑫。故曰客，治簿檄，三军之多，分以客之候车之数⑬。三军：壮男为一军，壮女为一军，男女之老弱者为一军，此之谓三军也。壮男之军，使盛食、厉兵，陈而待敌⑭。壮女之军，使盛食、负垒⑮，陈而待令；客至而作土以为险阻及耕格阱⑯；发梁撤屋，给从从之，不洽而燻之，使客无得以助攻备⑰。老弱之军，使牧牛马羊彘⑱，草木之可食者，收而食之，以获其壮男女之食。而慎使三军无相过⑲。壮男过壮女之军，则男贵女⑳，而奸民有从谋，而国亡；喜与，其恐有蚤闻㉑，勇民不战。壮男壮女过老弱之军，则老使壮悲，弱使强怜；悲怜在心，则使勇民更虑，而怯民不战。故曰：慎使三军无相过。此盛力之道。

[注释]

⑫盛，旺盛。

⑬曰客，朱师辙认为，"曰"字当为"有"字之误。簿，军册。檄，公文。候车，指敌人的侦察战车。

⑭盛食，准备充足的食物。厉兵，磨砺兵器。陈，通"阵"，排兵布阵。

⑮负，背负。垒，通"蔂"，盛土的筐笼。

⑯耕格阱，高亨认为，"耕"字为"阱"字之误，后一"阱"字重出，故当为"阱格"，陷阱之类。

⑰发，通"废"，拆下。给，及。从，朱师辙认为乃"徙"字之误。洽，通"给"。这句是说，拆毁房屋，来得及就把木料搬到城里，来不及就烧掉，不留给敌军用来攻城。

⑱彘（zhì），猪。

⑲相过，互相往来。

⑳男贵女，男人珍惜女人。

㉑蚤，通"早"。

[译文]

　　防守城池的办法，是要保持充足的力量。因此，如有敌人来犯，就要治办军册，颁布公文，根据敌军侦察战车的数量判断对方人数，相应地组织我方军队的人数以御敌。将军队编为三支军队：青壮男子为一军，青壮女子为一军，男女中的老弱为一军，这就是三军的组成。青壮男子之军，要让他们有充足的食物，磨砺兵器，列阵对敌。青壮女子之军，要让他们有充足的食物，背负用来填埋工事的筐土，排好队伍等待军令。敌人来了，就堆土做成工事，挖掘陷阱，拆掉房屋的木料，来得及就运进城里，来不及就烧毁，不让敌军利用其作为攻城的工具。老弱之军，让他们去放牧牛马和猪羊，在野地里收集可以食用的草料来喂养牲畜，以使青壮男女获得食物。要小心，不要让三军互相来往。壮男之军到壮女之军那里去，男人就会稀罕女人，奸民从中捣乱，施展阴谋，国家就灭亡了；男人女人都喜欢呆在一起，害怕战斗早日发生，勇敢的士兵也不想打仗了。壮男壮女之军到老弱之军那里去，年轻人看到老人，就会感到悲哀，体弱的人让强壮的人产生同情，生出悲悯和同情之心，就会让勇敢的人改变斗志，而本来胆怯的人就更不愿打仗了。因此说，一定要当心，不要让三军互相来往，这是保持充足战力的原则。

靳令第十三

[题解]

　　靳令的篇名取自篇首二字，其主旨是强调推行农战的重要性，并为此申明一定要严格执行法令。这一部分内容与《农战》《去强》《说民》相仿。除此之外，《靳令》篇还集中攻击儒家思想，批判儒家的"礼乐""仁义"等观念有害无益，并试图夺取儒家的话语权，以法家定义的"仁义"替代儒家"仁义"。本篇与《韩非子·饬令》大致相同，韩非曾在《韩非子·内储说上》中引用本篇之语，注明"公孙鞅曰"，故可断定本篇为商鞅亲作，《韩非子·饬令》篇乃引自《靳令》。

　　靳令，则治不留①；法平，则吏无奸。法已定矣，不以善言害法②。任功③，则民少言；任善④，则民多言。行治曲断，以五里断者⑤，王；以十里断者，强；宿治者⑥，削。以刑治，以赏战，求过不求善⑦。故法立而不革，则显民变诛⑧，计变诛止。贵齐殊使，百都之尊爵厚禄以自伐⑨，国无奸民，则都无奸市⑩。物多末众，农弛奸胜⑪，则国必削。民有余粮，使民以粟出官爵，官爵必以其力，则农不怠⑫。四寸之管无当⑬，必不满也。授官、予爵、出禄不以功，是无当也。

[注释]

①靳令，严万里说："秦本靳作饬。"《说文》："饬，致坚也。"饬令，坚决执行法令。治不留，政务不拖延。留，稽留，拖延。

②善言，指空谈无用之言，此处当指儒家奉行礼乐、仁义的言论。

③任功，以功劳任用官吏。

④任善，任用讲仁义道德的儒生为官吏。当与《弱民》篇中的"任善"义同。

⑤俞樾认为，"曲"字为"由"字之误。五里断，见《去强》篇注㉝。

⑥宿治，见《垦令》注①。

⑦求过不求善，追究人们的过错，不寻求人们的善行。

⑧显民，显贵之人。变诛，当为"变计"，改变（破坏法治的）打算。

⑨贵齐殊使，法度以齐一为贵，但在执行时也要注意区别人们的身份。百都，各地的城邑。自伐，自立其功。

⑩奸市，投机倒把的市场。

⑪物，指器玩之类的奢侈品。末，指商贾、游谈之民。弛，废弛。

⑫以粟出官爵，捐献粮食换取官爵。怠，倦怠。

⑬当，底。

[译文]

严格执行法令，政务就不会拖延；法度公正，奸吏就无机可乘。法度制定以后执行，不能以空谈妨害法律。以功劳任用官吏，说空话的就少；任用讲仁义道德的儒生为官吏，民众就会崇尚空谈。治理国家，贵在下层就能处理事务，能在五里之内处理事务的国家就能称王；在十里之内处理事务的国家也能强大；将政事拖延到第二天才处理的，国家必然削弱。以刑罚治理民众，以赏赐督促他们攻战，追究人们的过失，不寻求他们的善行。因此，法治建立以后，就不要随便更改，这样显贵之人就会放弃他们破坏法治的打算，他们不破坏法治，就无需动用刑罚来处理了。法度以整齐划一为贵，但在执行时也要注意区别人们的身份，各地城邑之民都看重高爵厚禄，自立其功，国家没有奸邪之民，城邑里也没有投机倒把的市场。器玩之类的奢侈品充斥，而商贾游谈之人众多，农事废弛，奸邪之民得势，国家必然会削弱。民众有余粮，就让他们捐献谷物以换取官爵，辛勤耕作就能够获得官爵，民众就不会倦怠农事。四寸长的管子，假如没有底，必然不能装东西。将官爵俸禄授予民众，假如不以功劳作为标准，就如同管子无底一样，是没用的。

国贫而务战，毒生于敌，无六虱⑭，必强；国富而不战，偷生于内，有六虱，必弱。国以功授官予爵，此谓以盛知谋⑮，以盛勇战。以盛知谋，以盛勇战，其国必无敌。国以功授官予爵，则治省言寡，此谓以治去治、以言去言⑯。国以六虱授官予爵，则治烦言生，此谓以治致治、以言致言⑰。则君务于说言⑱，官乱于治邪，邪臣有得志，有功者日退，此谓失。守十者乱，守壹者治⑲。法已定矣，而好用六虱者亡。民泽毕农⑳，则国富。六虱不用，则兵民毕竞劝而乐为主用，其竟内之民㉑，争以为荣，莫以为辱。其次，为赏劝罚沮。其下，民恶之，忧之，羞之；修容而以言，耻食以上交㉒，以避农战；外交以备㉓，国之危也。有饥寒死亡，不为利禄之故战，此亡国之俗也。

[注释]

⑭六虱，六种虱害，指下文的礼乐、《诗》《书》、修善、孝弟、诚信、贞廉，与《去强》篇注⑪所说的六虱（岁、食、美、好、志、行）不同。

⑮盛，奖励。

⑯以治去治，严本作"以法去法"，误，据下文以及《韩非子·饬令》改。以治去治、以言去言，实行按功授爵的政策，就使得政务精简；采用按功授爵的主张，就使得浮言无所用。

⑰以治致治、以言致言，实行以六虱授爵的政策，反而使得政务更加烦琐；采用六虱的虚辞，使得无用的浮言泛滥。

⑱务，通"瞀"，目眩，错乱。说（shuì）言，指巧言诡辩。

⑲守，坚守，奉行。十，指《农战》篇提到的《诗》、《书》、礼、乐等十种东西。壹，农战。

⑳泽，朱师辙认为，"泽"借为"择"。毕，尽。

㉑竟，境。

㉒耻食以上交，指耻于以因功受禄的方式与朝廷交结。食，指俸禄。

㉓外交，与外人勾结。备，高亨说："备借为惫，犹病也。"

[译文]

国家贫穷,就要努力攻战,这样就把内部的毒素输出到敌人那里,不生六种虱害,国家必然会强大;国家富裕了,但不去攻战,偷安堕落的风气就从内部产生,出现六种虱害,国家一定会削弱。国家按功劳授官爵,这是奖励民众献计献策,鼓舞军人勇敢作战。奖励民众献策,鼓舞军人作战的国家,一定会无敌于天下。国家按照功劳授官爵,政务就减省,浮言也少了,这叫以精简的政治排除烦乱的政治,以有用的言论排除无用的言论。国家以六虱授官爵,政务就更烦琐,浮言也会产生,这叫以烦乱的政治排除精简的政治,以无用的言论排除有用的言论。君主被巧言迷惑,官吏迷乱于邪说,奸臣就会得志,而有功之臣就会逐渐隐退,这就是政治上的过失。奉行《诗》、《书》、礼、乐等十种东西的国家就混乱,坚守农战这一国策的国家就会大治。法度本已制定,但又喜好实行六虱的主张,国家必亡。民众都选择农战,国家就会变富裕。最上等的国家不用六虱,举国的士兵和民众都互相劝勉,乐于为君主所用,境内民众都争先恐后,以此为荣,没有以此为耻的。次一等的国家,仅仅以赏赐激励民众,以惩罚制约民众。最次等的国家,民众厌恶农战,为此担忧,为此羞耻;他们装饰自己的仪表,以言论博得名利,耻于以因功受禄的方式与朝廷交结,以此躲避农战;他们勾结外人,令国家陷入危险。民众宁愿忍受饥寒死亡,也不愿为利禄去作战,这是亡国的风气。

六虱,曰礼、乐;曰《诗》《书》;曰修善,曰孝弟;曰诚信,曰贞廉;曰仁、义;曰非兵,曰羞战㉔。国有十二者,上无使农战,必贫至削。十二者成群，此谓君之治不胜其臣，官之治不胜其民，此谓六虱胜其政也。十二者成朴㉕，必削。是故，兴国不用十二者，故其国多力，而天下莫能犯也。兵出，必取；取，必能有之；按兵而不攻，必富。朝廷之吏，少者不毁也，多者不损也，效功而取官爵，虽有辩言，不能以相先也，此谓以数治㉖。以力攻者，出一取十；以言攻者，出十亡百。国好力，此谓以难攻；国好言，此谓以易攻㉗。

[注释]

㉔高亨认为，此句多出三个"曰"字，本当为"曰修善孝弟、曰诚信贞廉……曰非兵羞战"。这样，共六虱，每一虱中有两项，合计十二。

㉕朴，根。

㉖少，指责。毁，罢免。多，赞美。损，指损害法条。这两句说的是国君任用官吏的原则。效，献。数，法度。

㉗以难攻，以易攻，见《农战》篇注㉚。

[译文]

六种虱害，分别是：礼制、音乐，《诗经》《尚书》，以善自勉，孝顺父母，敬爱兄长，诚实信用，正直廉洁，仁爱正义，非议战斗，以战为耻。国家有这十二项，君主就无法使民众农战，国家必然贫穷和削弱。奉行这十二项的人成群，这就叫君主制服不了臣下，官吏制服不了民众，这可以说六种虱害战胜了国家的政令。这十二项扎了根，国家必然削弱。因此，国家要强大，不能用这十二项，如此才能有国力，天下各国才不敢侵犯。如果出动军队征伐，必然会攻取别国的土地；攻取了，必然能占有；就算按兵不动，国家也会保持富裕。对朝廷的官吏，国君不能因为有人指责他就罢免之，也不能因为有人赞美他就破坏用人的规矩加以提拔，而要以建功作为授予官爵的标准，虽然有的人巧言善辩，也不能让他据此居先，这就叫以法度治国。凭借难得的实力来进攻别国，出动一份力量就能得到十分收获；凭借易得的空谈来进攻别国，出动十分的力量，就会遭受百分的损失。国家崇尚实力，这叫作凭借难得的实力进攻；国家喜好空言，这叫作凭借易得的空谈进攻。

重刑少赏，上爱民，民死赏。重赏轻刑，上不爱民，民不死赏。利出一空者㉘，其国无敌，利出二空者，国半利，利出十空者，其国不守。重刑，明大制㉙；不明者，六虱也。六虱成群，则民不用。是故，兴国罚行则民亲，赏行则民利。行罚，重其轻者，轻其重者，轻者不至，重者不来㉚。此谓以刑去刑，刑去事成；罪重刑轻，刑至事生，此谓以刑致刑，其国必削。

[注释]

㉘空，指孔窍，途径，见《农战》篇注⑦。

㉙大制，大法。

㉚轻其重者，为衍文。轻者不至，重者不来，轻罪不发生，重罪也不会出现。

[译文]

加重刑罚，少用赏赐，这是国君爱惜民众，民众也会为赏赐效命。

加重赏赐，减轻刑罚，这是君主不爱惜民众，民众也不会为赏赐而效命。利禄只出于农战这一条途径，这样的国家就会无敌于天下；利禄出于两种途径的国家，只会获得一半好处；利禄出于十种途径的国家，就无法保住国土了。加重刑罚，就使得民众明白国家的根本大法；民众不明白大法，是由于六虱的危害。奉行六种虱害的人成群了，民众就不被君主所用。因此，兴盛之国实行刑罚，民众就会亲近君主，实行赏赐，民众就得到利益。实行刑罚的原则是对轻刑要加重，这样，轻罪不会发生，重罪也就不会出现。这就叫作以重刑致减刑，结果是不用刑罚而事业可成；如果重罪只用轻刑，犯罪的人就会不断增多，各种事务滋生，这就叫作以轻刑致多刑，国家必然削弱。

圣君知物之要，故其治民有至要，故执赏罚以壹辅仁者，心之续也㉛。圣君之治人也，必得其心，故能用力。力生强，强生威，威生德，德生于力。圣君独有之，故能述仁义于天下㉜。

[注释]

㉛壹，指农战。心之续，思想的传统。续，继承，引申为传统。

㉜述，阐明。仁义，此处是法家定义的"仁义"，不是儒家的"仁义"。君主爱民，故实行重刑、农战，人民从重刑与农战中得到实际利益，故亲近君主，上下皆得其便，此所谓法家的"仁义"。

[译文]

圣明的君主明晓事物的要领，治理民众有至高的纲领，以赏罚来推动农战，作为"仁"的补充，这是治国思想的传统。圣明的君主治理民众，必定要得到人心，这样才能使用力量。力量产生强大，强大产生威严，威严产生恩德，恩德出于力量。只有圣明的君主才能拥有这种力量，因此能够阐明"仁义"于天下。

修权第十四

[题解]

《修权》之"权"，本有权柄之权、权衡之权等多重含义。有学者提出，《修权》篇中"权"的用法比较统一，均为"权衡"的意思，这与《商君书》其余篇目中"权"有多种含义不同，并把这作为《修权》为晚出篇目、非商鞅自撰的证据。其实且不说仅从用字的统一性上去判断作品真伪与撰写年代这一点能不能成立，即在本篇中，"权"字也与其他各篇一样兼具权柄与权衡的内涵。

"权"也好，"修权"也好，都不是文章的要旨，篇名虽曰《修权》，但题目可能是后人加的。本篇主要内容实则讲的是"任法"与"任私"的问题，即主张君主要一切任法，避免任私，这样才不会使国家变得昏乱，而文中所谓"国之权衡"，其实就是指法。至于权的本义是什么，权与法、权与信的区别，三者之间的关系，以及如何维持权、法、信的平衡，只在文中第一段稍加提及，轻轻带过而已，并不作为文章的核心内容。故本篇名为"修权"，实为"修法"。

国之所以治者三：一曰法，二曰信，三曰权①。法者，君臣之所共操也②；信者，君臣之所共立也；权者，君之所独制也③，人主失守则危，君臣释法任私必乱。故立法明分，而不以私害法，则治。权制独断于君则威。民信其赏，则事功成；信其刑，则奸无端④。惟明主爱权重信，而不以私害法，故上多惠言而不克其赏⑤，则下不用；数加严令而不致其刑，则民傲死⑥。凡赏者，文也；刑者，武也。文武者，法之约也⑦。故明主任法⑧。明主不蔽之谓明，不欺之谓察。故赏厚而信，刑重而必⑨；不失疏远，不违亲近，故臣不蔽主，而下不欺上。

[注释]

①信，指法律上的信用。权，其本义为黄华木，《说文》："权，黄华木，从木，雚声。"又假借为秤锤，《广雅·释器》："锤，谓之权。"由此直接引申出三种含义，一为权柄，《穀梁传·襄公三年》："大夫执国权。"一为权衡，《论语·尧曰》："谨权量，审法度。"一为权变、权宜、变通，《孟子·离娄上》："嫂溺援之以手者，权也。"并由此义继续引申出权谋、权计的意思。本文中的"权"，主要为权柄与权衡两种含义。

②操，守。《说文》："操，把持也。"

③权，此处指权柄。独制，独自控制。

④无端，无由产生。端，发端、端头，引申为由。《说文》："端，直也。用为发耑。"

⑤惠言，恩惠之言，指君主给予口头的赏赐许诺。克，能够。

⑥傲死，轻视死罪。傲，蔑视。

⑦约，要领，纲要。

⑧任法,一切听凭法律处置。任,听凭。

⑨必,果断,必行。

[译文]

国家要治理好,主要依靠三项要素:一个是法度,一个是信用,一个是权柄。法度是君主与群臣共同坚守的;信用是君主与群臣共同建立的;而权柄则不同,在于君主自己独自控制。君主如果丧失掉对权力的控制,他就危险了,君主与群臣若弃法度而徇私情,国家必乱。立法要分明,不以私心危害法度,国家就会治理好。权柄由君主独断,就会产生威严。民众相信君主的赏赐是真的,那么国家大事就容易办成;民众相信刑法公正,奸邪就无由产生。圣明的君主珍惜权柄,重视信用,不以私意危害法度。君主若只有口头上的赏赐而不能落实,臣民就不会甘心为其所用;多次申明法令却从不认真履行,民众就会蔑视死罪而犯法。赏赐是文,刑罚是武。这一文一武,就是法度的要旨。圣明的君主是一切听凭法度以作出决断的。君主不被蒙蔽,这叫作"明",不被欺骗,这叫作"察"。赏赐要多,还须言行一致,刑罚要重,务必做到坚决果断;赏赐时,不遗漏疏远的人,处罚时,不回避亲近者,这样,群臣就不会蒙蔽君主,百姓也不会欺瞒长官了。

世之为治者,多释法而任私议⑩,此国之所以乱也。先王县权衡⑪,立尺寸,而至今法之⑫,其分明也。夫释权衡而断轻重,废尺寸而意长短⑬,虽察⑭,商贾不用,为其不必也⑮。故法者,国之权衡也。夫倍法度而任私议⑯,皆不知类者也⑰。不以法论知、能、贤、不肖者⑱，惟尧⑲；而世不尽为尧。是故先王知自议誉私之不可任也⑳，故立法明分，中程者赏之㉑，毁公者诛之。赏诛之法，不失其议，故民不争。不以爵禄便近亲，则劳臣不怨㉒；不以刑罚隐疏远，则下亲上。故授官予爵不以其劳，则忠臣不进；行赏赋禄不称其功㉓，则战士不用。凡人臣之事君也，多以主所好事君。君好法，则臣以法事君；君好言，则臣以言事君。君好法，则端直之士在前；君好言，则毁誉之臣在侧。

[**注释**]

⑩释，置放在一边不用。私议，与公议相对，个人的意见。

⑪县，悬。权，秤锤。衡，秤杆。

⑫法，效法。

⑬意，意度，意料。

⑭虽，即使。察，明察，知晓。《左传·庄公十年》："小大之狱，虽不能察，必以情。"

⑮不必，不准确。

⑯倍，违背。

⑰不知类，不懂得推类。知，严万里本无"知"字，据《群书治要》补。类，种类，同类。《庄子·渔父》："同类相从，同声相应。"

⑱不肖，子孙不与父祖相似，多指不孝、无德。《孟子·万章上》："丹朱之不肖，舜之子亦不肖。"肖，相似，《说文》："骨肉相似也。"

⑲尧，唐尧，姓伊祁，名放勋，上古五帝之一。

⑳誉私，自相称誉。

㉑程，规矩，法式。《荀子·致仕》："程者，物之准也。"

㉒劳臣，有功劳之臣。

㉓赋，授予。称，相称，赏赐与功劳相称。

[译文]

今天的执政者，大多弃置法度而听任私意，这就是国家发生变乱的原因。古时的先王发明了秤锤和秤杆，设立了尺寸，直到今天人们还在使用，这是因为秤锤、秤杆和尺寸的分量、标准是明确的。如果将秤锤和秤杆放置一边而去推断物体的轻重，废弃尺寸不用而仅凭估计来意度物体的长短，即便能猜中，商人们也不会这样做，因为这种做法不可靠。法度，就是国家的权衡。违背法度而一任私意的人，不懂得推类。不凭借法度就判断出人的智力、能力、道德的高低，只有古代的尧帝才能做到这一点，但世人并不都是尧那样的圣人。因此，先王知道不可听凭个人自相称誉的私议，所以才建立法度，明确职分，使得那些行事合乎法度的人得到赏赐，破坏公众法度的人受到惩罚。赏赐与惩罚的办法公正，百姓也就没有争议。不拿爵禄来滥赏亲近之人，使他们得到便利，那么有功劳的大臣就不会心生怨恨；不用刑罚使得那些疏远之臣的功劳被埋没，那么臣下就会亲附君主。所以，不根据众臣的功劳授予适当的官爵，那么忠直之臣就不会努力做事了；不以相称的爵禄赏赐战功，那么战士就不愿为君主所用了。人臣多以君主的喜好来侍奉君主。君主喜好法度，群臣就会以法度侍奉君主；君主喜欢言谈，群臣就会以言谈侍奉君主。

君主好法度,身边就会多正直之士;君主好言谈,身边就会多拨弄是非之臣。

公私之分明,则小人不疾贤㉔,而不肖者不妒功。故尧、舜之位天下也㉕,非私天下之利也,为天下位天下也;论贤举能而传焉,非疏父子亲越人也㉖,明于治乱之道也。故三王以义亲㉗,五霸以法正诸侯㉘,皆非私天下之利也,为天下治天下。是故擅其名而有其功㉙,天下乐其政,而莫之能伤也㉚。今乱世之君、臣,区区然皆擅一国之利,而管一官之重㉛,以便其私,此国之所以危也。故公私之交,存亡之本也㉜。

[注释]

㉔疾,嫉妒。

㉕位,莅,莅临。《诗经·小雅·采芑》:"方叔莅止,其车三千。"此处有帝王君临天下的意思。

㉖疏父子亲越人,疏远父子亲情,却亲近外人。越人,远方之人,外人。越,远也。《尚书·泰誓》:"予曷敢有越厥志。"孔安国曰:"越,远也。"

㉗以合乎道义、公义的举动得到众人的亲附。义,道义,公义。亲,亲近,亲附。

㉘五霸,参见《错法》篇注⑤。

㉙擅,专有。《说文》:"擅,专也。"

㉚伤，造成损害。

㉛按，严万里本《商君书新校正》在"区区然皆"后少一"欲"字，据《群书治要》补。有此"欲"字，文义方通。区区，自得貌。高亨《商君书注译》引《广雅·释训》解"区区"为"小"，蒋礼鸿《商君书锥指》引《广雅·释训》解"区区"为"爱欲之貌"，皆误。管，掌握。重，指重要的权力。

㉜公私之交，公与私的分界之处。本，根本。

[译文]

公私的界限分明，小人就不会嫉妒贤者，而无才无德之人也不会嫉妒有功之臣。古时尧、舜君临天下，不是为了将天下之利归于自己，而是为了天下人而治理天下。以贤德与能力作为传位的标准，这不是疏远父子之情去亲近外人，而是明白天下治乱的道理。因此，上古的三王因为道义而得到众人的亲附，后世的五霸以法度来匡正诸侯，这都是不以天下之利为个人私用，而是为天下人而治理天下。他们的功劳卓著，声名远播，天下人都乐于在他们治下生活，没有人能够损害他们。现在的乱世之君臣，个个得意扬扬，独自专有一国之利，掌握重要的权力，以使他们的私欲得逞，这就是国家为什么会陷于危险境地的原因。所以，公与私的交界，这就是国家兴衰治乱的根本啊！

夫废法度而好私议，则奸臣鬻权以约禄㉝，秩官之吏隐下而渔民㉞。谚曰："蠹众而木析，隙大而墙坏㉟。"故大臣争于私而不顾其民，则下离上。下离上者，国之"隙"也㊱。秩官之吏隐下以渔百姓，此民之"蠹"也。故有"隙""蠹"而不亡者，天下鲜矣㊲。是故明王任法去私，而国无"隙""蠹"矣。

[注释]

㉝鬻（yù），卖。约，求取。

㉞秩官，常设之官。秩，《尔雅·释诂》："秩，常也。"隐下，隐瞒下情。渔，侵占，掠夺。

㉟蠹（dù），蛀虫。隙，墙缝。

㊱国之"隙"，使国家分崩离析的缝隙。

㊲鲜，少见。《诗经·大雅·荡》："靡不有初，鲜克有终。"

[译文]

废弃法度而喜好私议，奸臣就会贩卖权力以获取好处，国家的官吏就会向上隐瞒民情，向下侵夺百姓的利益。谚语说："蠹虫多了，就会把木头蛀坏，缝隙大了，墙壁就会坍塌。"大臣们为私利互相争夺，毫不顾及百姓，那么民众就会与朝廷离心离德。民众离心，这就是国家的"缝隙"。官吏隐瞒民情，侵夺百姓，他们就是民众的"蠹虫"。一个国家若出现"缝隙"，又有了"蠹虫"，不灭亡是很少见的。因此，圣明的君主会一切听任法度，去除私意，这样国家就没有"缝隙"和"蠹虫"了。

徕民第十五

[题解]

　　徕民，就是招徕其他国家的民众来秦国垦荒。根据文中提到秦国灭周的内容，本篇写于商鞅死后八九十年，是商鞅学派的后学向秦王所上的奏书。秦国自从实行农战、兼并天下的政策以来，括地千里，国势日盛，但这也带来了很多问题。一是加重了秦国固有的地广人稀、荒地得不到开垦的矛盾；二是长年累月的战争使得秦国的国力也有很大消耗，人员的损失不可胜数。如秦赵长平之战，一方面，秦军固然消灭了赵军，但据司马迁记载，此役秦国也战死了一半的士兵；另一方面，民众长期在外作战，就不能兼顾农业，国家的经济受到很大影响，农民无法为军队提供足够的粮食，这样就形成了恶性循环。长此以往，农战攻伐政策的实行势必不能保证。鉴于此种情势，商鞅学派提出，招徕山东诸国的民众，提供土地给他们，免除徭役，减免赋税，令其为秦国耕作，生产足够支撑战争的粮食，使秦民可以专为战士，为秦国统一天下努力作战。这种策略的提出，是秦国农战逻辑发展的必然结果。文中作者极力说服秦王，放弃吝啬授爵、贪心赋税的小利，着眼于统一天下的大计。

　　地方百里者①，山陵处什一②，薮泽处什一③，溪谷流水处什一，都邑蹊道处什一④，恶田处什二，良田处什四，以此食作夫五万⑤，其山陵、薮泽、溪谷可以给其材，都邑蹊道足以处其民，先王制土分民之律也⑥。

[注释]

①方,方圆。

②什一,十分之一。

③薮,湖泽。

④蹊,小径。

⑤食(sì),养活。作夫,耕作的农夫。

⑥制土分民,划分土地,分配给人民。

[译文]

土地方圆百里的地方,山地丘陵占十分之一,湖泽占十分之一,溪涧河流占十分之一,城市、道路占十分之一,不利耕作的薄田占十分之二,良田占十分之四,以这样的田地养活五万农夫,山地丘陵、湖泽、溪涧、河流供给人们生活的材料,城市和道路足够他们居住,这就是先王分配土地给人民的原则。

今秦之地,方千里者五⑦,而谷土不能处二⑧,田数不满百万,其薮泽、溪谷、名山、大川之材物货宝,又不尽为用,此人不称土也⑨。秦之所与邻者三晋也⑩,所欲用兵者,韩、魏也,彼土狭而民众,其宅参居而并处⑪;其寡萌贾息⑫,民上无通名⑬,下无田宅,而恃奸务末作以处⑭;人之复阴阳泽水者过半⑮。此其土之不足以生其民也⑯,似有过秦民之不足以实其土也。意民之情⑰,其所欲者田宅也,而晋之无有也信,秦之有余也必。如此而民不西者,秦士戚而民苦也⑱。

[注释]

⑦方千里者五,有五个方圆千里那么大。

⑧谷土,耕种庄稼的土地。

⑨人不称(chèn)土,地广人稀,土地与人不相称。称,相称。

⑩三晋,指韩、魏、赵三国。春秋时的晋国有强臣韩氏、赵氏、魏氏三家,战国初,他们将晋国三分,各自成国,故历史上也称这三国为"三晋"。

⑪参居,杂居。

⑫寡,孙诒让、高亨认为"寡"为"宾"之误。宾萌,指侨居于本地的外国之人。萌,通"氓",民,百姓。贾息,孙诒让认为"贾"与"贷"形近而误。贷息,指侨民放贷给贫民。高亨解贾为"买",解息为"处",贾息意为"赁居"。朱师辙认为此句当断为"其寡萌贾息,民上无通名","寡"为弱小,"贾息"为求利息,谓寡弱小民无地可耕,只能从事商贾以求利息。按,此句通说三国之民,似不宜强分侨居、土著,孙、高之说皆过度解读,朱说为胜,故从朱说。

⑬通名,通名于朝廷,指为官,得爵。

⑭奸务,指学习《诗》《书》,从事言谈等活动。末作,指商贾、技艺之流。

⑮复,洞穴,用作动词,挖洞。阴阳泽水,水北、山南为阳,水南、山北为阴,民众在山上、河岸附近挖窑洞居住。今陕北、山西等地还有

不少人在窑洞里居住。

⑯生，供养。

⑰意，料想。

⑱戚，愁苦。

[译文]

秦国的土地有五个方圆千里那么大，但耕种的土地却不足十分之二，田亩之数不满百万，湖泽、溪谷、山川出产的材物宝藏又不能充分开发，这就叫人与土地不相称。秦国与三晋相邻，想要用兵攻伐的国家是韩国与魏国。这些国家土地狭小，人民众多，住房错杂共处，寡弱之民没有土地耕种，只好经营商贾以求利息，民众上不能为官获爵以通名于朝廷，下无田宅，只能依靠学习《诗》《书》，从事言谈、商贾、技艺等职业以谋生，半数以上的人在山的南北、河流的两岸挖洞居住。这些国家的问题是土地不足以供养人民，看起来人地不相称的情况要比秦国人少地多的情况更严重。猜想老百姓心里所想要拥有的是田宅，而三晋没有土地是确实的，秦国土地多余也是肯定的。像这样，韩、赵、魏三国的民众还不向西边来，这是因为秦国士人与民众的生活也同样忧愁悲苦。

臣窃以王吏之明为过见⑲。此其所以弱不夺三晋民者，爱爵而重复也⑳，其说曰："三晋之所以弱者，其民务乐而复爵轻也㉑。秦之所以强者，其民务苦而复爵重也。今多爵而久复㉒，是释秦之所以强㉓，而为三晋之所以弱也。"此王吏重爵爱复之说也，而臣窃以为不然。夫所以为苦民而强兵者，将以攻敌而成所欲也。兵法曰："敌弱而兵强。"此言不失吾所以攻，而敌失其所守也。今三晋不胜秦，四世矣㉔。自魏襄以来㉕，野战不胜，守城必拔，小大之战，三晋之所亡于秦者，不可胜数也。若此而不服，秦能取其地，而不能夺其民也。

[注释]

⑲明，明察。过见，错误的见解。

⑳弱，衍文。爱，吝惜。重复，重视免除赋税徭役，即不愿轻易免除赋税徭役。复，免除赋税徭役。

㉑复爵轻，对于授予爵位与免除赋税徭役都过于轻率。

㉒多爵，多多赐予爵位。久复，长时间地免除赋税徭役。

㉓释，放弃。

㉔四世，指自从秦国获得了对韩、魏、赵三国的军事优势，魏国已更换了四代君主，即襄王、哀王、昭王、安釐王，而同时秦国则更换了三位君主，惠文王、武王、昭王，为三世。

㉕魏襄，即魏襄王，前318—前296年在位。

[译文]

臣私下以为，大王的官吏们所说的"明察"其实是错误的见解。他们不去尽力争取三晋的民众来我国，是因为吝惜爵位以及不肯免除赋税徭役。他们的说法是："三晋之所以弱小，是因为他们的民众贪图安乐，而国家授予爵位，免除赋税徭役都太轻率了。秦国之所以强大，是因为老百姓愿意吃苦，而国家对于授予爵位，免除赋税徭役都很慎重。如果多多地授爵，长时间地免除赋税徭役，就是让秦国放弃使之强大的东西，也去学着做令三晋衰弱的那些事。"这就是大王的官吏们重视爵位，吝惜免除赋税徭役的说辞。但我认为不是这样。之所以要让百姓吃苦，以加强军力，是要攻击敌人，以达到我们的战略目标。兵法说："敌人削弱了，我们的军队就相应地强大了。"这说的是保持住我们用以进攻的力量，而让敌人丧失掉他们用以防守的力量。现在三晋打不过我们秦国，已经有四代了。从魏国的襄王以来，野战打不赢，守城必被我们攻取，大大小小的战役，让三晋损失的土地、人力等不可胜数。像这样的态势还不降服于我们，是因为秦国虽然能夺取他们的国土，但不能夺取他们的国民。

今王发明惠㉖，诸侯之士来归义者㉗，今使复之三世，无知军事㉘，秦四竟之内陵坂丘隰㉙，不起十年征，者于律也㉚，足以造作夫百万。曩者臣言曰㉛："意民之情，其所欲者田宅也，晋之无有也信，秦之有余也必。若此而民不西者，秦士戚而民苦也。"今利其田宅，而复之三世，此必与其所欲而不使行其所恶也，然则山东之民无不西者矣㉜。且直言之谓也㉝？不然，夫实圹什虚㉞，出天宝㉟，而百万事本㊱，其所益多也，其徒不失岂所以攻乎㊲？

[注释]

㉖发明惠，发布圣明恩惠的诏令。

㉗归义，投奔、归顺秦国。

㉘无知,不参与。

㉙坂,山坡。隰(xí),低湿之地。

㉚朱师辙认为"者"当作"著",从朱说,改之。

㉛曩,之前。

㉜与其所欲,给他们想要的东西。山东,战国时称崤山以东为山东,崤山在今河南西部。

㉝直言之谓,仅仅这么说说。

㉞实圹(kuàng)什虚,孙诒让认为,"什"为衍文。实圹虚,充实旷野和荒地。圹,旷野。

㉟天宝,天然的宝藏。

㊱事,从事。本,根本,指农业。

㊲徒不失岂所以攻,难道仅仅是不失去用来进攻敌人的力量吗?

[译文]

现在大王发布圣明恩惠的诏令,诸侯各国的民众前来投奔、归顺我们,如果我们免除他们三代的徭役,使他们不用参与作战,秦国境内山岭、土坡、丘陵与湿地等处的农田,十年不征赋税,把这些政策写在法律上,这足以招来一百万的农夫。之前我说:"老百姓心里想要拥有的是田宅,而三晋没有土地是确实的,秦国土地多余也是肯定的。像这样,三国的民众还不向西边来,这是因为秦国士人与民众的生活也忧愁悲苦。"现在我们让他们拥有土地和房屋,免除他们三代人的徭役,这就是给他们想要的东西,而不做令他们厌恶的事,果然做到的话,崤山以东各国的民众就没有不投奔秦国的了。而且做此事的意义只限于我随便

商君书 | 129

这么说说吗？不是，这样做足以充实旷野和荒地，开发天然的宝藏，使一百万人从事农耕，我们获得的好处是很多的，难道仅仅是不失去用来进攻敌人的力量吗？

夫秦之所患者，兴兵而伐，则国家贫；安居而农，则敌得休息。此王所不能两成也。故三世战胜㊳，而天下不服。今以故秦事敌，而使新民作本，兵虽百宿于外㊴，竟内不失须臾之时，此富强两成之效也。臣之所谓兵者，非谓悉兴尽起也，论竟内所能给军卒车骑，令故秦兵，新民给刍食㊵。天下有不服之国，则王以此春围其农，夏食其食，秋取其刈，冬陈其宝，以大武摇其本，以广文安其嗣㊶。王行此，十年之内，诸侯将无异民㊷，而王何为爱爵而重复乎？

[注释]

㊳三世战胜，从秦国来说，取得优势是三世。

㊴故秦，原有的秦民。百宿于外，长期在外驻扎。

㊵刍（chú）食，粮草。刍，草。

㊶春围其农，夏食其食，秋取其刈（yì），冬陈其宝，此四句出自《逸周书·大武》：一春违其农，二夏食其谷，三秋取其刈，四冬冻其葆。围，通"违"。刈，收割。"陈"当作"冻"，"宝"当作"葆"。春违其农，谓破坏其春耕。冬冻其葆，谓发露其物产宝藏。大武摇其本，以武力动摇其根本。广文安其嗣，以宽厚的文德安顿这些国家君主的后代。

㊷无异民，民众没有不归顺秦国的了。

[译文]

　　秦国所担忧的事是，兴兵攻伐他国，国家就会贫穷；安居务农不打仗，敌人则得到休养生息。这是国君不能两者兼顾的事。因此，秦国虽然连着三代都打胜仗，天下却不能归服。现在如果让原有的秦民去出征作战，让投奔来的新民务农，这样军队就算在外面长期驻扎，境内的农耕也不会耽误，这是国富与国强两得的事。我所说的兴兵攻伐，不是说让所有人都去参战，而是依据国内所能供养军队车骑的能力，让原有的秦民作战，令新依附的人民供给粮草。天下有不顺服的国家，国君就在春天破坏他们的农耕，夏天吃掉他们的存粮，秋天劫取他们收割的庄稼，冬天挖掘他们的物产宝藏，用武力动摇他们的根本，其后，再以宽厚的文德来安顿这些国家君主的子孙。国君要是这样去做，十年之内，诸侯各国的民众就没有不归顺秦国的了。国君现在为何还吝惜爵位，不轻易免除赋税徭役呢？

　　周军之胜，华军之胜㊸，秦斩首而东之。东之无益，亦明矣，而吏犹以为大功，为其损敌也。今以草茅之地，徕三晋之民而使之事本，此其损敌也，与战胜同实，而秦得之以为粟，此反行两登之计也㊹。且周军之胜、华军之胜、长平之胜㊺，秦所亡民者几何？民客之兵不得事本者几何？臣窃以为不可数矣。假使王之群臣，有能用之，费此之半，弱晋强秦，若三战之胜者，王必加大赏焉。今臣之所言，民无一日之繇㊻，官无数钱之费，其弱晋强秦，有过三战之胜，而王犹以为不可，则臣愚不能知已。

[注释]

㊸周军之胜，于鬯说，当指伊阙之战。《战国策·魏策》："秦败东周，与魏战于伊阙，杀犀武。"周赧王时期，周分裂为东、西二周，秦昭王十四年（前293年），秦将白起败东周、韩、魏联军于伊阙。华军之胜，当指秦昭王三十四年（前273年），秦于华阳（河南新郑北）大败魏军。

㊹反行，相反的方法。两登之计，两全之计。

㊺长平之胜，秦昭王四十七年（前260年），秦将白起在长平（今山西省高平）击败赵军，赵国主将赵括战死，秦军坑杀赵国降卒四十余万，但此战秦军也损失过半。

㊻繇，借为"徭役"之"徭"。

[译文]

秦军在伊阙战胜周军，在华阳打败魏军，斩杀敌人的首级，一路向东攻击。往东边扩展领地没什么益处，这是很明显的，但官吏们却以此为大功，这是因为这样能损害敌人。现在以一些荒地招徕三晋的百姓来到秦国务农，这对敌人的损害，与战胜他们是一样的，秦国还得到了很多粮食，这是用相反的办法获得的两全之计啊。况且秦国虽然在伊阙、华阳打败了周军、魏军，在长平打败了赵军，但秦国自己损失了多少人呢？秦国原有的百姓和新依附的百姓忙于作战，不能从事耕作的又有多少呢？我认为这多到不可计数了。假使国君您的群臣能用同样的兵力作战,但减少一半损失,使得秦国强大,三晋削弱,就像这三次战斗一样,您一定会大大地赏赐他。现在我所说的办法,秦国的民众连一天的徭役也不用承担,官府花不了几个钱,就能削弱三晋,使秦国强大,效果超过了那三次大胜仗。而国君您还认为这不行,那以我的愚昧,就理解不了了。

齐人有东郭敞者,犹多愿,愿有万金。其徒请赒焉㊼,不与,曰:"吾将以求封也。"其徒怒而去之宋。曰:"此爱于无也㊽,故不如以先与之有也。"今晋有民,而秦爱其复,此爱非其有以失其有也㊾,岂异东郭敞之爱非其有以亡其徒乎?且古有尧、舜,当时而见称㊿;中世有汤、武,在位而民服。此三王者㉚,万世之所称也,以为圣王也,然其道犹不能取用于后。今复之三世,而三晋之民可尽也。是非王贤立今时,而使后世为王用乎?然则非圣别说,而听圣人难也㉜。

[注释]

㊼赒(zhōu),救济。

㊽爱于无,指求封官还是没有的事,就先吝惜起钱财了。

㊾爱非其有以失其有,吝惜没有的(山东之民不来秦国,也就征不来赋税),最后失去了已有的(原秦民与新依附的人民整日忙于作战,不得耕作,也就没有足够的粮食)。

㊿见称,被人称赞。

(51)三，王时润认为当作“四”。

(52)非圣，非议圣人。别说，另立新说，指作者的主张。听圣人难，明辨圣人的是非是件困难的事。听，明辨。此句高亨解“别”字为“创”字之误，“别说”为“创说”，蒋礼鸿断句为“非圣别说而听”，二人之解皆不确。

[译文]

齐国有个叫东郭敞的人，欲望很多，想要拥有万金的财富。他的门徒向他请求救济，他不给，还说：“我要拿这些钱去求封官。”他的门徒一怒之下离开他去了宋国。大家议论他说：“这就叫对还没得到的东西就吝惜起来了，还不如拿这钱先救济自己的门徒。”现在三晋民众很多，而秦国吝惜免除赋税徭役，这就是吝惜没有的，最后却失去了已有的。这种行为与东郭敞求封官还没得到就吝惜起钱财，从而失去了自己的门徒有什么区别呢？古代有尧、舜之君，在当时就受到人们称赞；中古的时候有商汤与周武王，在位的时候人们都顺服他们。这四位君主的贤明都是万世被人赞颂的，认为他们是圣王，但即使如此，他们的治国之道也不能拿来用在后世。现在如果我们免除三代人的赋税徭役，那么三晋之民都会来投奔秦国。这难道不是将您的圣明立于今世，而令三晋之民的子子孙孙也都为秦国效劳吗？然而，非议古代的圣人，另立新说，明辨圣人的是非，这实在是件困难的事啊。

刑约第十六 （亡佚）

赏刑第十七

[题解]

　　赏刑就是赏赐与刑罚。本篇提出圣人治国要"壹赏，壹刑，壹教"，即统一赏赐，统一刑罚，统一教化，在这三件事上做到标准如一。文章从"壹赏，壹刑，壹教"三方面分别展开论述，认为统一赏赐的结果是获得整个天下，到那时候就不用赏赐了，因此，"壹赏"就是"无赏"；统一刑罚的结果是全国民众无人敢犯法，实质上等于"无刑"；统一教化激发民众的自主性，形成乐于战斗的风气，那时候国家就不用专门教化了，从而达到"无教"的目的。三者的实施都足以造成反面的效果，可谓相反相成。"壹赏，壹刑，壹教"其实就是以法治国，文中说"圣人不必加，凡主不必废；杀人不为暴，赏人不为仁"，这种说法与老子的以道无为而治以及韩非的以法无为而治非常相似，从思维脉络上看，《赏刑》蕴含着无为思想，承老子而启韩非。文中还主张在刑罚面前刑无等级，人人平等，自卿相、将军以至大夫、庶人，有犯罪者不赦。但这里说的无等级，是排除帝王本人的，为了保证法度的绝对权威，就必须令帝王以立法者、法度的裁决者，乃至法度本身的人格面目来出现。法家推崇法治，是以人性之恶作为根据的，其缺陷在于：其一，是将人性作简单化处理，无视人性的丰富与多变；其二，是没有考虑到刑罚作为管理手段的局限性，一味以严刑峻法约束、钳制民众。秦末的史实证明，严刑峻法只在一定社会条件下适用，其本身有时效性，在现实中，一旦局部失灵就会造成全盘崩塌，无法收拾。

圣人之为国也，壹赏，壹刑，壹教。壹赏则兵无敌，壹刑则令行，壹教则下听上。夫明赏不费，明刑不戮，明教不变，而民知于民务，国无异俗①。明赏之犹至于无赏也，明刑之犹至于无刑也，明教之犹至于无教也②。

[注释]

①异俗，风俗不一。

②犹，王时润认为，三个"犹"字当为"尤"。尤，极致。

[译文]

圣人治理国家，统一赏赐，统一刑罚，统一教化。统一赏赐，军队就无敌；统一刑罚，政令就畅通；统一教化，百姓就顺从君主。赏赐公明，就不浪费财物；刑罚严明，就不用真的去施行；教化明确不改变，百姓就知道该做什么，整个国家就不会出现不一样的风俗。赏赐公明到极致，就达到了不用赏赐；刑罚严明到极致，就达到了不用刑罚；教化明确到极致，就达到了不用教化。

所谓壹赏者，利禄官爵抟出于兵③，无有异施也。夫固知愚、贵贱、勇怯、贤不肖，皆尽其胸臆之知，竭其股肱之力④，出死而为上用也。天下豪杰贤良从之如流水，是故兵无敌而令行于天下。万乘之国不敢苏其兵中原，千乘之国不敢捍城⑤。万乘之国，若有苏其兵中原者，战将覆其军；千乘之国，若有捍城者，攻将凌其城⑥。战必覆人之军，攻必凌人之城，尽城而有之，尽宾而致之，虽厚庆赏，何费匮之有矣⑦？昔汤封于赞茅，文王封于岐周⑧，方百里。汤与桀战于鸣条之野，武王与纣战于牧野之中，大破九军，卒裂土封诸侯，士卒坐陈者，里有书社⑨。车休息不乘，从马华山之阳，从牛于农泽，纵之老而不收⑩，此汤、武之赏也。故曰：赞茅、岐周之粟，以赏天下之人，不人得一升；以其钱赏天下之人，不人得一钱⑪。故曰：百里之君而封侯其臣，大其旧⑫；自士卒坐陈者，里有书社，赏之所加，宽于牛马者⑬，何也？善因天下之货⑭，以赏天下之人。故曰：明赏不费。汤、武既破桀、纣，海内无害，天下大定，筑五库，藏五兵，偃武事⑮，行文教，倒载干戈，搢笏作为乐⑯，以申其德，当此时也，赏禄不行，而民整齐。故曰：明赏之犹至于无赏也。

[注释]

③抟，读为"专"，专一。

④胸臆之知，古人以为心主智慧。胸臆（yì），心胸，内心。股，大腿。肱（gōng），胳膊。

⑤苏，俞樾认为，"苏"读为"傃"，向也。高亨认为"苏"为"逆"。向、逆，其义相近。中原，原野中。捍，捍卫。

⑥凌，凌越，登上。

⑦尽宾而致之，严本无"之"字，朱师辙据绵眇阁本、范钦天一阁

本、四库本改。宾，宾服，归顺。庆，赏。匮，匮乏。

⑧封，不可解，蒋礼鸿认为两处当皆为"邦"，即建国。赞茅，地名，在今河南修武县。岐周，周人兴起于岐山，故称岐周。岐山在今陕西岐山县。

⑨鸣条，地名，在今山西夏县。牧野，在今河南淇县西。九军，古时天子六军，诸侯三军，此处泛指桀、纣的军队。陈，通"阵"，此处引申为参战。里有书社，先秦时期，二十五家为一里，里各立社，社人书名于户籍，故称书社。士兵凡参战的，回乡后授予一个书社的土地。

⑩放马在华山的南坡休息，在农泽放牛，以示不再征用。华山，在陕西东部。农泽，地名，不知其所在。

⑪不人得一钱，平均下来每人连一文钱也分不到。

⑫大其旧，商汤、周武王给自己臣下的封地比以前自己的封地还要大。

⑬宽于牛马，对参战者的赏赐甚至惠及牛马。

⑭因，凭借。

⑮五库，据《初学记》引蔡邕《月令章句》，五库为车库、兵库、祭器库、乐器库、宴器库。五兵，泛指各种兵器。偃，息，停止。

⑯倒载干戈，把戈与盾牌颠倒着扔在车上。搢（jìn），插。笏（hù），笏板。古时朝臣上朝，把笏板插在腰间，以备随时记录，后引申为朝臣。作为乐，大作乐歌。

[译文]

所谓统一赏赐，就是把利禄与官爵专一赏给战斗有功者，而不给别的什么人。所以无论聪明者、愚笨者、高贵者、卑贱者、勇敢者、怯懦者、贤明者、不肖者，都会竭尽其所有的智能与全身的力气，拼尽死力为国君所用。天下的豪杰贤良就像流水汇入大海那样追随国君，那样我们的军队就无敌，而政令就畅通于天下。有一万辆兵车的大国不敢跟我们在原野上对抗，有一千辆兵车的中等国家也不敢防守他们的城池。有一万辆兵车的大国，有敢于跟我们在原野上对抗的，战斗起来他们的军队必定覆灭；有一千辆兵车的中等国家，有敢于守城的，一旦发起进攻，我们必将登上他们的城池。野战必覆灭别人的军队，攻城必夺取别人的城池，将所有的城池都占有，使敌国之人都归顺我们，即使对立功的人施行丰厚的赏赐，还会发愁没有用来赏赐的物品吗？从前，商汤在赞茅建国，周文王在岐周兴邦，领地都只有方圆百里那么大。后来商汤在鸣条击败夏桀，周武王在牧野与商纣王交战，分别大破桀、纣的军队，最终将他们的国土分封给诸侯，士兵凡是参与战斗的，都授予一个书社的土地。将战车弃置不再乘坐，放任战马在华山的南坡休息，在农泽放牛，直到牛马老了也不再收回来，这就是商汤、周武王的赏赐。因此说：赞茅、岐周所有的粟米，如果拿来赏赐天下之人，每人分不到一升；以赞茅、岐周的钱来赏赐天下之人，每人连一文钱也分不到。所以说，本来是方圆一百里领地的国君，却能封他们的大臣为诸侯，给诸侯的封地也比以前自己的封地大。士兵参战的都授予了书社，赏赐所至，甚至惠及牛马，这是为什么呢？这叫作善于凭借天下的财富，来赏赐天下之人。因此说：赏赐公明，就不浪费财物。商汤、周武王打败了桀、纣，天下没了祸患，天下安定，君主就修筑五库，把各种兵器封藏，将战事平息，实行文教，把戈与盾牌颠倒着扔在车上，朝臣们在腰带上插入笏板，大作乐歌，以称颂其德，这个时候，即使不用赏赐，民众也会规矩守法。所以说，赏赐公明到了极致，就达到了不用赏赐。

所谓壹刑者，刑无等级，自卿相、将军以至大夫、庶人，有不从王令、犯国禁、乱上制者，罪死不赦。有功于前，有败于后，不为损刑；有善于前，有过于后，不为亏法⑰。忠臣孝子有过，必以其数断。守法守职之吏有不行王法者，罪死不赦，刑及三族⑱。周官之人，知而讦之上者，自免于罪，无贵贱，尸袭其官长之官爵田禄⑲。故曰：重刑，连其罪⑳，则民不敢试。民不敢试，故无刑也。夫先王之禁，刺杀，断人之足，黥人之面㉑，非求伤民也，以禁奸止过也。故禁奸止过，莫若重刑。刑重而必得，则民不敢试，故国无刑民。国无刑民，故曰：明刑不戮。晋文公将欲明刑以亲百姓，于是合诸大夫于侍千宫，颠颉后至，吏请其罪，君曰："用事焉。"吏遂断颠颉之脊以殉㉒。晋国之士，稽焉皆惧㉓，曰："颠颉之有宠也，断以殉，况于我乎！"举兵伐曹五鹿，及反郑之埤，东徵之亩，胜荆人于城濮㉔。三军之士，止之如斩足，行之如流水㉕。三军之士，无敢犯禁者。故一假道重轻于颠颉之脊㉖，而晋国治。昔者，周公旦杀管叔，流霍叔㉗，曰："犯禁者也。"天下众皆曰："亲昆弟有过，不违，而况疏远乎！"

故天下知用刀锯于周庭㉘,而海内治,故曰:明刑之犹至于无刑也。

[注释]

⑰亏,毁。

⑱三族,高亨认为,三族为父母、兄弟与妻子。

⑲周官,周围的官吏。讦(jié),告发。尸,代替。古时祭祀,称装扮为祖先者为"尸",以代替神主,故"尸"有代替之义。袭,继承。

⑳连,株连。

㉑刺杀,斩首。黥(qíng),在脸上刺字并施墨。

㉒晋文公,名重耳,晋国国君,春秋五霸之一,曾长期流亡在外,后在秦国支持下返回晋国即位。颠颉(xié),晋文公的大臣。颠颉事见《左传·僖公二十八年》,《左传》对此的记载与本文不同。晋文公在曹国流亡时,曹君不以礼相待,反欲窥其骈胁,只有僖负羁一人对其友善。鲁僖公二十八年(前632年),晋文公攻打曹国,命令臣下不得侵犯僖负羁宅第,但颠颉不听,放火烧了僖负羁家,文公怒,将颠颉处死。断脊,腰斩之刑。殉,通"徇",斩首示众。

㉓稽,议论。

㉔五鹿,卫国地名。晋文公五年(前632年),晋伐卫,取五鹿。反,摧毁。埤(pì),城上的矮墙。东徵之亩,孙诒让认为,"徵"当作"卫"。东卫之亩,晋国在卫国之西,将卫国田地的方向改为东西向,以

便晋国军车的通行。荆，楚国的别称。城濮，卫国地名，晋国在城濮击败楚军。以上几件事都发生在晋文公五年。

㉕行之如流水，行动如流水一样迅速。

㉖假，假借。重轻，加重刑罚，使轻罪变为重罪。

㉗周公旦杀管叔，流霍叔，周公旦、管叔、霍叔都是周武王的弟弟。武王去世后，成王年幼即位，周公辅君摄政，管叔、霍叔不服，造谣周公将对成王不利，勾连殷商之后武庚造反，周公东征平息叛乱，杀死管叔、武庚，将霍叔流放。

㉘刀锯，指刑具。

[译文]

所谓统一刑罚，就是刑罚不分等级，从公卿、将军以至大夫、平民，凡有不服从王令、触犯国法、破坏制度的，一律处死不赦免。之前立过功，后来做错事的，不因前功而减轻刑罚；之前有善行，后来犯下过失的，也不因他的前善而毁法。人们称颂的忠臣孝子犯了罪，也一定依法处理。掌守法令的官吏，担任现职的官吏，有不施行王法的，不但处死不赦免，还要株连其父母、兄弟、妻子。他周围的官吏，知晓他的罪行而且去告发的，自己就免于被追究，无论贵贱，都可以代替他官长的职位，继承他的田地与财产。因此说，加重刑罚，株连其罪，民众就不敢以身试法。民众不敢以身试法，刑罚就不用真的施行。古代先王制定法律，如斩首、断足、在人脸上刺字，目的不是为了伤害民众，而是要禁止奸邪的行为，阻止人们犯罪。禁止奸邪，阻止犯罪，没有比重刑更有效的了。刑罚重而且果断施行，民众就不敢尝试犯法。因此，国境之内就不会有受过刑的民众。国内没有受过刑的民众，就是刑罚严明，不用真的杀戮。晋文公准备严明刑罚以亲近百姓，就召集公卿大夫到侍千官商量此事，颠颉迟到了，官吏问如何处罚他，文公说："按照法律办事。"于是将颠颉腰斩示众。晋国的士大夫谈论此事，都很害怕，说："颠颉本来是国君宠爱的人，都给腰斩示众了，何况我们呢！"晋文公发兵攻打曹国，夺取卫国的五鹿，毁掉郑国的城墙，把卫国田亩的方向改为东西向，在城濮击败楚军。晋国的士卒，听到军令停止就止步，如同腿脚被砍断一样；听到军令出发就行走，如同流水一样迅疾。三军士兵没人敢触犯军令。因此，晋文公借助颠颉违反法令而遭腰斩这一加重刑罚的事，让晋国得到大治。从前，周公旦杀死了叛乱的管叔，流放了霍叔，说："他们违反了法令。"天下的人都说："亲兄弟犯了罪，也不违背法律格外开恩，何况对疏远的外人呢！"人人都知道周公旦对朝廷之人也动用刀锯刑戮，天下就治理好了。所以说，当严明的刑罚做到极致，就达到了不用刑罚。

所谓壹教者，博闻、辩慧、信廉、礼乐、修行、群党、任誉、清浊，不可以富贵，不可以评刑，不可独立私议以陈其上㉙。坚者被㉚，锐者挫。虽曰圣知、巧佞、厚朴，则不能以非功罔上利㉛。然富贵之门，要存战而已矣㉜。彼能战者践富贵之门㉝。强梗焉㉞，有常刑而不赦。是父兄、昆弟、知识、婚姻、合同者㉟，皆曰："务之所加，存战而已矣。"夫故当壮者务于战，老弱者务于守，死者不悔，生者务劝，此臣之所谓壹教也。民之欲富贵也，共阖棺而后止㊱，而富贵之门必出于兵，是故民闻战而相贺也，起居饮食所歌谣者，战也。此臣之所谓明教之犹至于无教也。

[注释]

㉙博闻、辩慧等，多为儒家提倡的美德，见《说民》篇。群党，群聚为党。清浊，蒋礼鸿认为当作"请谒"，形近而误，请谒，即说情拜托。评刑，评论法律。陈，陈述。

㉚坚者，指顽固者。被，陶鸿庆认为"被"当为"破"。

㉛罔，通"网"，骗取。

㉜求富贵之道，唯在于战斗。

㉝践，踏入。

㉞强梗，强悍，顽固不化。

㉟父兄，指父亲叔伯辈。知识，熟识。合同，志同道合。

㊱阖棺，关上棺材盖，指死后。

[译文]

所谓统一教化，说的是那些博学多闻、多言好智、讲信求廉、通晓礼乐、修饬品行、群聚为党、互相保举推誉、喜欢说情拜托的人，不可以让他们得到富贵，禁止他们评论刑法，不允许他们擅自议论朝政并上奏朝廷。打击那些顽固的人，对敢于露出锋芒的要坚决挫败之。即使被称为圣明智慧、巧言善辩、淳朴忠厚的人，也不能以立功之外的方式骗取利禄。这样，就使得人们的求富贵之道，唯在于战斗而已。勇于战斗的人才能获取富贵。那些顽固不化者，对他们有常设的刑罚，不得赦免。

于是，父亲叔伯、兄弟、熟识的人、婚姻亲戚、志同道合者，都说："我们要努力的，就是去战斗。"因此，强壮的人努力战斗，年老体弱者致力于防守，战死者不后悔，活着的人互相督劝，这就是我说的统一教化。民众都想要得到富贵，这个欲望直到死亡才会停止，然而想要踏进富贵之门，就一定要勇敢作战，因此老百姓听到有战事就互相祝贺，起居饮食，平时唱的歌谣都是关于战斗的。这就是我所说的明确的教化做到极致，就达到了不用教化。

此臣所谓参教也㊲。圣人非能通知万物之要也㊳。故其治国举要以致万物，故寡教而多功㊴。圣人治国也，易知而难行也。是故圣人不必加，凡主不必废㊵；杀人不为暴，赏人不为仁者㊶，国法明也。圣人以功授官予爵，故贤者不忧；圣人不宥过㊷，不赦刑，故奸无起。圣人治国也，审壹而已矣。

[注释]

㊲参，三。

㊳要，根本的要领。

㊴寡教，仅用三教，具体指《赏刑》开篇所言的"赏、刑、教"，即"赏赐、刑罚、教化"三者。

㊵凡主，平庸的君主。

㊶杀人不为暴，赏人不为仁，依据刑法杀人不算作暴行，依据战功行赏不算作仁慈。

㊷宥,宽恕。

[译文]

　　以上就是我所说的三教。圣人不见得能通晓万物,但知道万物根本的要领。他抓住这个要领,以把握万物。因此仅用"赏赐、刑罚、教化"这三教就可以获得很大的成效。圣人治理国家,这道理容易明白,但真做起来很难。圣人不增加法条,凡庸的君主不废除法条。依据刑法杀人不算作暴行,依据战功行赏不算作仁慈,这是因为国家法制的严明。圣人因功劳授予人们官爵,这样有才能的人就不发愁了;圣人不宽恕人们的过错,不随便赦免犯罪者,奸邪就不会产生。圣人治理国家,仅仅需要考虑怎样做到一切统一就行了。

画策第十八

[题解]

　　"画策"就是为君主出谋划策。本篇旨在说明重刑以及驱民作战的方法。作者认为,实行重刑是因为古今时势变易,而驱民作战则是迎合了民众以战斗求取爵禄的心理,这些就是所谓的"必然之理、必为之时势",君主应当据此而行"必治之政"。文中主张法度是"民本",只有依靠民本才能统治民众。但仅仅制定出法度是不够的,还要使得法度必行,奸邪必得,这就需要对法度的具体细则与实施过程提出要求。于是,作者又提出君主必须圣明,要任用贤才,法度才能得到良好的实施,这种说法属于行政人事的范畴,与儒家讲的尊圣、尚贤有相似之处。本篇对儒家仁、义等思想的批判不如其他各篇那么激烈,只是指出仁、义属于道德问题，无法替代法律，在社会上推行仁、义是没有什么用的。儒家所讲的仁、义、忠、孝，为"有法之常"的表现，是良法实施后在道德上呈现出来的效果，对于治国来说，应该秉持"贵法不贵义"的根本原则。

昔者昊英之世，以伐木杀兽，人民少而木兽多，黄帝之世，不麛不卵，官无供备之民，死不得用椁①。事不同，皆王者，时异也。神农之世，男耕而食，妇织而衣；刑政不用而治，甲兵不起而王。神农既没，以强胜弱，以众暴寡，故黄帝作为君臣上下之义，父子兄弟之礼，夫妇妃匹之合，内行刀锯②，外用甲兵。故时变也。由此观之，神农非高于黄帝也，然其名尊者，以适于时也。故以战去战，虽战可也；以杀去杀，虽杀可也；以刑去刑，虽重刑可也。昔之能制天下者，必先制其民者也；能胜强敌者，必先胜其民者也。故胜民之本，在制民，若冶于金，陶于土也。本不坚，则民如飞鸟禽兽，其孰能制之？民本，法也。故善治者塞民以法，而名地作矣③。

[注释]

①昊英，传说中的上古帝王，伏羲之后的古代帝王，除了昊英氏以外，还有祝融氏、有巢氏等。不麛（mí）不卵，意为不捕捉鹿仔，不取鸟兽之卵。麛，幼鹿。"麛""卵"，此处都作动词。供备之民，指供役使的仆人。椁，古时贵族死后下葬用两层棺木，内层为棺，外层为椁。

②妃（pèi），通"配"，婚配。刀锯，刑具。

③塞，遏制，约束。名地作，得到名与地。作，生，增益。

[译文]

从前昊英氏的时代，让人们砍伐木头，捕杀野兽，那时候人口少而树木、禽兽都很多，而到了黄帝的时代，就不允许捕捉鹿的幼仔，也禁止拿走鸟兽之卵，官长没有供其驱使的仆人，死后下葬只得用棺，不许用椁。这两个帝王的做法有很大的不同，但都成为王者，这是因为时代不同了。神农氏的时代，男子耕作而得食，女子纺织而有衣，人民不用刑法、政令就能治理好，不需要武力征伐就能称王。神农氏去世后，就出现了以强凌弱、以众欺寡的现象，因此黄帝只得制定让君臣之间有尊卑上下的规矩，约束父子兄弟行为的礼节以及令夫妇结合婚配的制度，对内设置刑罚，对外动用武力。这都是因为时势变易了。由此看来，其实神农氏并不比黄帝高明，但他的名望却很高，这是因为他能够适应当时那个时代。用战争来制止战争，即使发动战争，也是可行的；以杀戮来制止杀戮，虽然杀了人，也是允许的；以刑罚去除刑罚，即使加重刑罚，也是可以实施的。过去能制服天下的人，一定要先控制住自己的百姓；能制服强敌的人，一定要先战胜他的民众。战胜民众的根本在于控制住民众，就像冶工对待金属、陶工对待泥土一样。如果根本的东西不坚固，那么民众就像飞鸟禽兽那样自由自在，谁能够控制住他们？治理民众的根本就是法度。善于统治的君主，知道要以法度约束民众，这样，名声和土地就都能得到了。

名尊地广，以至王者，何故？名卑地削，以至于亡者，何故？

战罢者也④。不胜而王，不败而亡者，自古及今未尝有也。民勇者，战胜；民不勇者，战败。能壹民于战者，民勇；不能壹民于战者，民不勇。圣王见王之致于兵也，故举国而责之于兵⑤。入其国，观其治，兵用者强⑥。奚以知民之见用者也⑦？民之见战也，如饿狼之见肉，则民用矣。凡战者，民之所恶也，能使民乐战者王。强国之民，父遗其子⑧，兄遗其弟，妻遗其夫，皆曰："不得⑨，无返！"又曰："失法离令，若死⑩，我死。乡治之，行间无所逃⑪，迁徙无所入。"行间之治，连以五，辨之以章⑫，束之以令。拙无所处⑬，罢无所生。是以三军之众，从令如流，死而不旋踵⑭。

[注释]

④俞樾认为，"何故"后脱"战胜者也"四字。罢（pí），敝，败也。

⑤王之致于兵，称王由于发动战争而致。责，要求。

⑥兵，俞樾认为当作"民"。

⑦奚，何。

⑧遗（wèi），送。

⑨不得，不因战斗立功得爵禄。

⑩若，你。

⑪行，行伍。

⑫连以五，一人违反军令，五人连坐。章，指在犯罪者身上作识别的标记。

⑬拙，通"趉"，走。

⑭旋踵（zhǒng）：有两种意思，本义为后腿旋转脚跟，引申义指像旋转脚跟的时间那么短，此处用的是本义。踵，脚跟。

[译文]

　　名声远播，土地广大，以至于成为王者，因为什么？是由于战胜的缘故。名声败坏，以至于灭亡，又因为什么？是由于战败的缘故。在战场上没打赢就能称王，不打败仗就能灭亡的，从古到今没有这样的事例。民众有勇气，就能打胜仗；民众没有勇气，就会打败仗。能使民众专一打仗，民众就勇敢；不能让民众专一打仗，民众就不勇敢。圣王看到发动战争才能称王，就要求举国上下专心打仗。进入一个国家，观察其国家的治理状况，凡是军队能够为国家所用的，这样的国家就强大。怎么知道民众乐于为国家所用呢？民众见到有战事发生，就像饿狼看到肉一样，这就是民众愿意为国家效力了。打仗这种事，原本是民众所厌恶的，如果能够让民众喜欢打仗，这种国家就能称王。强大国家的民众，父亲送儿子上战场，兄长送弟弟上战场，妻子送丈夫上战场，都说："如果不立功，就别回来！"又说："假如违抗军令，你会被处死，我也会被株连而死。地方上也会追查，你犯了法，在军队里无所逃脱，即便逃回来，迁徙到别处也无处容身。"军队的治理办法，是施行五人连坐法，对犯法者用标记来识别，用法令来约束他们。他们纵然逃走，也没地方可去，而打败了仗，就无法生存。因为这个缘故，三军的士兵，服从命令如同流水一样，就算战死也不会转过脚来后退一步。

国之乱也,非其法乱也,非法不用也。国皆有法,而无使法必行之法⑮。国皆有禁奸邪、刑盗贼之法,而无使奸邪、盗贼必得之法⑯,为奸邪盗贼者死刑,而奸邪、盗贼不止者,不必得。必得而尚有奸邪、盗贼者,刑轻也,刑轻者,不得诛也;必得者,刑者众也。故善治者,刑不善而不赏善⑰,故不刑而民善。不刑而民善,刑重也。刑重者,民不敢犯,故无刑也;而民莫敢为非,是一国皆善也,故不赏善而民善。赏善之不可也,犹赏不盗⑱。故善治者,使跖可信,而况伯夷乎?不能治者,使伯夷可疑,而况跖乎?势不能为奸,虽跖可信也⑲;势得为奸,虽伯夷可疑也。

[注释]

⑮必行之法,保障法令施行的措施。

⑯必得,一定抓获。

⑰刑不善而不赏善,对不守法的人用刑,但对守法的人不赏赐(因为守法是必须的,不需要赏赐)。

⑱赏不盗,赏赐不偷窃的人。意指不偷窃是一个社会最基本的底线,人人都当如此,不应该赏赐。

⑲跖(zhí),盗跖,春秋时期著名的大盗,为鲁国大夫展禽(柳下惠)之弟。

[译文]

国家陷入动乱,不是因为法度本身混乱,也不是因为不使用法度。每个国家都有法度,但缺乏保障法度实施的政策。每个国家都有禁止奸邪、处罚盗贼的法律，却没有令奸邪、盗贼一定被抓获的措施。虽然处死了一些奸邪、盗贼，但仍不能制止更多的奸邪、盗贼产生，这是因为不能把他们全部抓获。如果一定能抓获，仍然有奸邪、盗贼，那就是因为处罚太轻。处罚太轻，奸邪、盗贼就得不到诛杀；一定能抓获，受惩处的人就多了。善于治理国家的人，对不守法的人用刑，但也无须赏赐守法的人，因此无须动用刑罚，民众也会向善。所谓不动用刑罚而民众向善，指的就是重刑。加重刑罚，让民众不敢犯法，这样最后的效果就是不用刑罚；民众没有人敢为非作歹，那么全国的人都向善了，这就叫无须赏赐守法的人而民众自然向善。赏赐守法者是不可取的，就像赏赐不偷窃的人一样。因此，善于治理国家的人，甚至能够让盗跖这样的人为人所信任，何况伯夷这样的贤者呢？不会治理国家的人，会让伯夷这样的贤者都被人怀疑，何况盗跖这样的人呢？形势使得人们不能做坏事，所以即使盗跖这种没道德的人也可以信任了；形势使得人们能够去做坏事，即使伯夷这样的贤者也会被人怀疑了。

国或重治[20]，或重乱。明主在上，所举必贤，则法可在贤。法可在贤，则法在下，不肖不敢为非，是谓重治。不明主在上，所举必不肖，国无明法，不肖者敢为非，是谓重乱。兵或重强，或重弱。民固欲战，又不得不战，是谓重强。民固不欲战，又得无战，是谓重弱。明主不滥富贵其臣。所谓富者，非粟米珠玉也？所谓贵者，非爵位官职也？废法作私爵禄之富贵[21]。凡人主，德行非出人也，知非出人也，勇力非过人也。然民虽有圣知，弗敢我谋；勇力，弗敢我杀；虽众，不敢胜其主；虽民至亿万之数，县重赏而民不敢争㉒，行罚而民不敢怨者，法也。国乱者，民多私义；兵弱者，民多私勇。则削国之所以取爵禄者多涂㉓，亡国之所以贱爵轻禄，不作而食，不战而荣，无爵而尊，无禄而富，无官而长㉔，此之谓奸民。所谓"治主无忠臣，慈父无孝子"，欲无善言，皆以法相司也，命相正也㉕。不能独为非，而莫与人为非㉖。

[注释]

⑳重，双重的，加倍的。

㉑作私，凭私心。

㉒县，通"悬"。

㉓涂，通"途"，途径。

㉔无官而长，没有官职却拥有权力。

㉕司，监督。正，纠正。

㉖莫与人为非，无法与人一起做坏事。

[译文]

有的国家治理得好上加好，有的国家治理得乱上加乱。圣明的君主在上，他所任用的都是贤者，法度掌握在贤者手里。法度掌握在贤者手里，那么法度就能贯彻到下面，品行不好的人就不敢做坏事，国家就会好上加好。昏庸的君主在上，他所任用的都是品行不好的人，国家没有公明的法律，品行不好的人就敢于为非作歹，国家就会乱上加乱。有的军队强上加强，有的军队弱上加弱。民众本来就想要打仗，又加上必须去打仗，这就叫强上加强。民众本来就不想打仗，又加上可以不必去作战，这就叫弱上加弱。圣明的君主不滥用赏赐使臣下富贵。所谓富有，不就是粟米和珠玉吗？所谓尊贵，不就是爵位和官职吗？有的君主废弃法度，以私心赏赐爵位利禄，使人得到富贵。一般君主，德行不见得要比一般人强，智力不见得要比一般人高，勇气也不见得要比一般人多。然而，民众虽然有智慧，并不敢对国君有所图谋；民众有勇力，却并不敢行刺国君；民众人数虽多，但并不能胜过君主；民众的人数虽有亿万之多，但君主高悬重赏，没人敢上前争夺，君主实施刑罚也不敢怨恨，这是因为有法度约束的缘故。混乱的国家，民众之间各自树立他们的道义；弱小的军队，士兵只有个人的勇武。力量削弱的国家，民众取得爵禄的途径多样，被灭亡的国家，轻视国家授予的官爵和俸禄。不耕作就能吃上饭，不打仗就能获得荣耀，没有爵位也能被人尊敬，没有俸禄也能富有，没有官职也能拥有权力，这些都是奸邪之民。所谓"治世的君主没有忠臣，慈祥的父亲没有孝子"，是说君主不想理会那些好听话，一切都要以法度互相监督，以政令互相纠正彼此的行为。独自一人不能干坏事，也无法与他人一起做坏事。

所谓富者，入多而出寡[27]。衣服有制，饮食有节，则出寡矣。女事尽于内[28]，男事尽于外，则入多矣。所谓明者，无所不见，则群臣不敢为奸，百姓不敢为非。是以人主处匡床之上[29]，听丝竹之声，而天下治。所谓明者，使众不得不为。所谓强者，天下胜[30]。

天下胜，是故合力。是以勇强不敢为暴，圣知不敢为诈而虚用，兼天下之众，莫敢不为其所好而辟其所恶㉛。所谓强者，使勇力不得不为己用，其志足，天下益之；不足，天下说之㉜。恃天下者㉝，天下去之；自恃者，得天下。得天下者，先自得者也；能胜强敌者，先自胜者也。

[注释]

㉗入多而出寡，收入多而支出少。

㉘女事尽于内，妇女在家纺织，做好家务。

㉙匡，方正。

㉚天下胜，制服天下人。

㉛辟，借为"避"。

㉜益，得到好处。说，通"悦"。

㉝恃，依靠。

[译文]

所谓富裕，就是收入多而支出少。穿衣、饮食有节制，支出就少。女子尽力在家纺织，做好家务，男子在外专心农战，收入就多了。所谓圣明的国君，就是君主没有什么是看不到的，这样群臣就不敢为奸作恶，老百姓也不敢做坏事。因此，国君就可以一边在舒适的大床上享受着弦乐器与竹管乐器奏出的美妙音乐，一边把国家治理好。所谓圣明的国君，是让众人不得不努力做事。所谓强大，是能够制服天下人。天下人被制服了，就能聚合天下之力为其所用。因此，那些勇者和强者不敢作乱，聪明有智慧的人也不敢偷奸耍滑，国君兼有天下人的力量，人们不敢不去做国君喜欢的事，而不敢去做国君不喜欢的事。所谓强大，是国君令民众的勇气和力量不得不为自己所用，他个人的意志得到实现，天下人都得到好处；即使国君的意志没有实现，天下人也会对国君感到满意。什么事都依赖天下人的人，天下人会离弃他；凡事依靠自己的人，才能得到天下。能得到天下的人，是因为先得到自己；能战胜强敌的人，是因为先战胜了自己。

圣人知必然之理、必为之时势，故为必治之政。战，必勇之民；行，必听之令。是以兵出而无敌，令行而天下服从。黄鹄之飞㉞，一举千里，有必飞之备也；丽丽巨巨㉟，日走千里，有必走之势也；虎、豹、熊、罴，鸷而无敌㊱，有必胜之理也。圣人见本然之政㊲，知必然之理，故其制民也，如以高下制水，如以燥湿制火。故曰：仁者能仁于人，而不能使人仁；义者能爱于人，而不能使人爱。是以知仁义之不足以治天下也。圣人有必信之性，又有使天下不得不信之法。所谓义者，为人臣忠，为人子孝，少长有礼，男女有别；非其义也，饿不苟食，死不苟生。此乃有法之常也。圣王者，不贵义而贵法。法必明，令必行，则已矣。

[注释]

㉞黄鹄（hú），天鹅。

㉟丽丽巨巨，未详。严万里说秦本作骐骥骒骍，皆良马之名。

㊱罴（pí），棕熊。鸷（zhì），凶猛。

㊲本然之政，本来就当如此，为时势所决定的政治。

[译文]

圣人知道天下事物之所以然的道理与必为的时势，因此就制定能让国家必定治理好的政策。打仗动用的一定是会勇敢杀敌的民众，发布的一定是民众会遵从的政令。因此，军队出动就天下无敌，政令推行就天下服从。天鹅一飞千里，是因为有能飞行这么远的运力；丽丽、巨巨一日能跑千里地，是因为有能奔跑这么远的足力；虎、豹、熊、罴，凶猛无敌，是因为具备必胜的身体条件。圣人明白时势所需要的政治是什么样的，知道事物之所以然的道理，所以他治理民众，就像是从高处控制水流的走向，又像利用物料的干湿来控制火势。因此说：仁者能够对人仁慈，但不能使别人仁慈；义者能够爱人，但不能使别人有爱。因此，我们知道仁义是不足以用来统治天下的。圣人有言而有信的品性，又有使天下人不得不守信的方法。所谓道义，说的就是作为人臣要做到忠诚，作为人子要做到孝顺，长幼之间有礼节，男女有分别；如果行为不符合道义，哪怕挨饿也不苟且取食，就算死了也不苟且偷生。其实这些不过是法度实施后的社会常态。圣明的国君不以道义为尊贵，而以法度为尊贵。法度一定要严明，政令一定要推行贯彻，这样就够了。

境内第十九

[题解]

"境内"取文章首二字为篇名，全篇记载了秦国的政治、军事、法律制度，这属于秦国的内政，与标题基本符合，但是这些制度是否皆为商鞅所制定则并不清楚。本篇涉及的具体制度主要包括户口制度、家臣服役制度、军内赏罚制度、爵位制度、刑狱制度、丧葬制度。这六种制度都与商鞅推行"农战""重法"的政策有关。文章最后一部分则介绍了战斗之法，内容与《墨经》之"城守"各篇相似，与专门记述制度的前六种显非同类，疑自他篇误入。

四境之内，丈夫女子皆有名于上，生者著，死者削①。

[注释]

①有名于上，指登记于户口册。"生"字严本无，据崇文书局本补上。著，记录。削，除去户籍。

[译文]

凡在国境之内的人民，所有的男人与女人都要在户口册上登记，一出生就要记录，死后则除去户籍。

其有爵者乞无爵者以为庶子，级乞一人②。其无役事也，其庶子役其大夫月六日；其役事也，随而养之③。

[注释]

②这句是说，有爵位者可以向官府要求将无爵者配给他们做家臣，每一级爵位配给一人。乞，向官府要求。庶子，此处指家臣。

③这句是说，当国家没有战事的时候，庶子每个月为有爵者服役六天；若国家有战事，则跟随有爵者从军，吃军粮。役事，指战事。大夫，指有爵者。随而养之，指随军，吃军粮。

[译文]

有爵位的人，可以要求官府将无爵者配给其为家臣，每一级爵位可配一人。当国家没有战事的时候，庶子为有爵位者服私役，每月服役六天；若国家有战事，家臣随军，吃军粮。

军爵自一级已下至小夫，命曰校、徒、操，出公爵。自二级已上至不更，命曰卒④。其战也，五人来薄为伍⑤，一人羽而轻其四人⑥，能人得一首则复⑦。夫劳爵，其县过三日有不致士大夫劳爵能⑧。五人一屯长，百人一将⑨。其战，百将、屯长不得，斩首⑩；得三十三首以上，盈论⑪，百将、屯长赐爵一级。

[注释]

④已，古同"以"。小夫，军队中地位最低者。出公爵，俞樾认为"出公"当为"士公"，蒋礼鸿认为"出公"为"公士"之颠倒，二说

语义皆不通。朱师辙解"出公爵"为在军爵之外，即校、徒、操不列于爵位。据《汉书·百官公卿表》，爵位为二十级。一级最低，为公士，二级为上造，三级为簪袅，四级为不更，五级为大夫，六级为官大夫，七级为公大夫，八级为公乘，九级为五大夫，十级为左庶长，十一级为右庶长，十二级为左更，十三级为中更，十四级为右更，十五级为少上造，十六级为大上造，十七级为驷车庶长，十八级为大庶长，十九级为关内侯，二十级为彻侯。皆秦制。公士、上造为步卒，簪袅、不更为车卒。

⑤来薄，孙诒让认为"来"当为"束"，"薄"为古"簿"字，束薄，约束于簿册。蒋礼鸿认为，"薄"本身就有约束的意思。

⑥孙诒让认为，"羽"当为"死"，"轻"为"到"，到引申为受刑。高亨认为，"羽"当为"兆"，"兆"借为"逃"。按，战斗有死伤，本极为平常之事，以此处斩同伍之人，不近情理，且此"羽"解为"逃"字，与前句所言五人约束于簿册文义紧密相关，故高亨之说较胜。

⑦五人中有一人能获取敌人首级就赦免他们。复，免除罪人身份。

⑧孙诒让认为，此句错简，当移至后文"将军以不疑致士大夫劳爵"之后。译文亦置后，此处不再译。

⑨每五人设一屯长，每百人设一将官。

⑩不得，屯长、将官职守在指挥，不允许亲自斩首敌人。高亨断句在"斩首"后，说屯长、将官不得敌人首级则处斩，误。

⑪盈论，指将官完成朝廷规定的斩首数目。盈，满。

[**译文**]

从第一级爵位的人往下到小夫,命为校、徒、操,这三种不在爵位之列。爵位自二级以上到"不更",叫作"卒"。战斗时,每五个人编组入册为一"伍",五人中如果有一人逃跑,则其余四人都要受刑,若其中一人取得敌人的首级,就能得到赦免。五人设一屯长管理,百人设一将官。战斗中,如果屯长、将官职在指挥,不允许亲自斩首敌人以争功;如果获得三十三颗敌人的首级,就算完成了朝廷规定的数目,将官、屯长的爵位各自升迁一级。

五百主,短兵五十人⑫;二五百主,将之主⑬,短兵百。千石之令,短兵百人⑭;八百之令,短兵八十人;七百之令,短兵七十人;六百之令,短兵六十人。国封尉⑮,短兵千人。将,短兵四千人。战及死吏,而轻短兵,能一首则优⑯。能攻城围邑斩首八千已上,则盈论;野战斩首二千,则盈论。吏自操及校以上大将尽赏。行间之吏也,故爵公士也,就为上造也。故爵上造,就为簪袅。就为不更⑰。故爵为大夫。爵吏而为县尉⑱,则赐虏六⑲,加五千六百。爵大夫而为国治,就为大夫⑳。故爵大夫㉑,就为公大夫。就为公乘。就为五大夫,则税邑三百家㉒。故爵五大夫,皆有赐邑三百家,有赐税三百家㉓。爵五大夫,有税邑六百家者,受客㉔。大将御、参皆赐爵三级㉕。故客卿相,论盈㉖,就正卿。就为大庶长,故大庶长就为左更㉗。故四更也,就为大良造㉘。

商君书 | 161

[注释]

⑫五百人的主官，配备五十名持刀剑的士兵。五百主，五百人的主官。短兵，使用刀剑等短兵器的士兵。

⑬二五百，一千。将之主，主要的将领。

⑭食一千石俸禄的令长，配备百名持刀剑的士兵。

⑮国封尉，俞樾认为"封"乃衍文。国尉，武官名，掌兵政。

⑯孙诒让认为，"吏"当为"事"，死事，战死；"轻"当为"到"，受刑。能一首则优，与上文"能人得一首则复"同义。"优"与"复"字形近而误。

⑰军队中的官吏，原来爵位是公士的，升迁为上造，原来为上造的，升迁为簪袅，（原来为簪袅的）升迁为不更。行，指行伍，军队。故，原来的。就，升迁。

⑱朱师辙说，爵位可与官职置换，原来爵位为大夫的，将爵位改成官职，则任为县尉。

⑲房，奴仆。

⑳国治，王时润认为"治"当作"尉"。就为大夫，朱师辙认为"大夫"前缺一"官"字，详参本篇注④。爵大夫升迁为国尉之职，晋一级，为官大夫。

㉑朱师辙认为，"故爵大夫"当为"故爵官大夫"。

㉒句中有多处省略，当为（公大夫）就为公乘，（公乘）就为五大夫。税邑三百家，将三百户的租税赐予他。

㉓赐邑三百家，指将三百户赐给其为封邑，这比赐税三百家赏赐更

为丰厚。这句是说,五大夫的官爵,或得三百户的租税,或得三百户封邑,视其功劳大小而定。

㉔孙诒让认为,"受"当为"就",而"客"后缺"卿"字,意为五大夫可迁为客卿。

㉕御,车御,即驾车人。参,战车上的骖乘人,即车右。御、参,皆为大将战车上的参战人员,本身由高级军官担任,有功者赐爵三级。

㉖论盈,高亨认为当为"盈论"。

㉗大庶长,俞樾认为,此两句两个"大庶长"之"大"字都为衍文。因为秦爵中大庶长为十八级,左更为十二级,故由大庶长升迁至左更是不可能的。

㉘大良造,即大上造,为十六级。由左更而上至大上造为四级,历中更、右更,少上造三级,故曰四更。

[译文]

五百人的主官,配给他五十名持刀剑的卫兵;一千人的主官以及主要的将官,配给他一百名持刀剑的卫兵。食一千石俸禄的令长,配备百名卫兵;食八百石俸禄的令长,配备八十名卫兵;食七百石俸禄的令长,配备七十名卫兵;食六百石俸禄的令长,配备六十名卫兵。国尉配备卫兵千人。大将配备卫兵四千人。主官战死了,其配备的士兵就要获罪受刑,除非能获得一名敌人的首级,这样就可以赦免他。攻打敌人的城池,能斩首八千颗以上,就完成了朝廷要求的目标;野战中,能斩首二千颗,就完成了朝廷要求的目标。所有官兵,从操、校以上直到大将都会获得赏赐。军队中的官吏，原来爵位是公士的，升迁为上造。原来为上造的，升迁为簪袅。（原来为簪袅的）升迁为不更。小吏升迁为县尉，赐给奴仆六人，加赏五千六百钱。爵大夫升迁为国尉，晋一级，为官大夫。官大夫可升迁为公大夫，公大夫升迁为公乘。公乘升迁为五大夫，并将三百户赐给他为封邑。旧爵为五大夫，有的赐给三百户的封邑，有的赐给三百户的租税。爵位为五大夫，赏赐六百户租税，就可以升迁为客卿。大将战车上的驾车人和陪乘人，都赐爵三级。原来的客卿相，达到了朝廷的要求，可升迁为正卿。原来的正卿，可升迁为庶长。庶长可升迁为左更。左更经过四次升迁，可升迁为大上造。

以战故㉙，暴首三㉚，乃校三日㉛，将军以不疑致士大夫劳爵㉜。夫劳爵，其县过三日有不致士大夫劳爵，能其县四尉，訾由丞尉㉝。

[注释]

㉙以战故，因为战斗的缘故。

㉚三，高亨认为"三"后脱去一"日"字，斩首后公开陈列三日以供校验，朱师辙认为"三"为斩首三次之义，据上下文，高说较胜。

㉛校，审验。

㉜劳爵，凭功劳而得爵位。审验无疑后，将军把相应的爵赏给予士大夫。

㉝此句意为，超过三天还不让有功劳者获得相应的爵位，则由丞尉主持审判，给予四名县尉"耐"的处罚。"夫劳爵，其县过三日有不致

士大夫劳爵，能"十七字，乃错简，据孙诒让所校，当移至此处，故补之。能，借为"耐"，一种剃去人面须的刑罚。訾，判决，审判。

[译文]

　　因为战斗而斩获敌人的首级，斩首后公开陈列首级三日以供校验，审验如无可疑，将军把相应的爵赏颁给有功的士大夫。如果超过三天还未让有功者获得相应的爵位，就由丞尉主持审判，给予四名县尉刮去胡须的"耐"刑惩罚。

　　能得爵首一者㉞，赏爵一级，益田一顷㉟，益宅九亩，一除庶子一人㊱，乃得人兵官之吏㊲。

[注释]

　　㉞爵，他本皆作"甲"，"爵首"当为"甲首"，甲士之首级。甲士，披甲的战士，泛指士兵。

　　㉟益，增加。

　　㊱朱师辙认为"一除"之"一"字为衍文。除，任官，给予之义。除庶子，指一名庶子可得到荫庇而为官吏。庶子，此处指非正妻所生之子，与上文所说的作为家臣的庶子不一样。

　　㊲人，为"入"字之误。得甲士之首，其庶子受到荫庇，获得进入衙门为官吏的资格。

[译文]

　　能获得敌人甲士的首级一颗，赏赐爵位一级，增赐田亩一顷，增赐宅地九亩，其家中一名庶子可得到荫庇，进入衙门为官吏。

其狱法，高爵訾下爵级㊳。高爵能，无给有爵人隶仆㊴。爵自二级以上，有刑罪则贬。爵自一级以下，有刑罪则已㊵。

[注释]

㊳刑狱之法，爵位高者审判爵位低者。

㊴无给，不配给。

㊵有刑罪则已，有罪就取消爵位。已，停止，取消。

[译文]

刑狱之法是这样的：由爵位高者审判爵位低者。爵位高的人犯了罪，会受到"耐"刑的惩罚，就不再给他配备有爵者都配给的仆役。二级以上爵位的人犯了罪，就降低他的爵位。一级以下爵位的人犯了罪，就取消爵位。

小夫死，以上至大夫，其官级一等，其墓树级一树㊶。

[注释]

㊶官级每高一等，就在他的墓旁多种植一棵树。

[译文]

小夫以上至大夫战死者，其官级每高一等，就在他的墓旁多种植一棵树。

其攻城围邑也，国司空訾其城之广厚之数㊷。国尉分地，以徒、校分积尺而攻之㊸，为期㊹，曰：“先已者当为最启，后已者訾为最殿。再訾则废㊺。”内通则积薪，积薪则燔柱㊻。陷队之士，面十八人㊼。陷队之士，知疾斗，不得㊽，斩首队五人㊾，则陷队之士人赐爵一级；死，则一人后㊿。不能死之，千人环(51)。规谏，黥劓于城下(52)。国尉分地，以中卒随之(53)。将军为木壹，与国正监，与王御史参望之(54)。其先入者，举为最启；其后入者，举为最殿。其陷队也，尽其几者；几者不足，乃以欲级益之(55)。

［注释］

㊷其，严本为“莫”，他本均为“其”，据他本改。国司空，秦官名，主管各种工程之事。广厚，城墙的长度和厚度。

㊸积尺，立方尺。

㊹为期，立下期限。

㊺已，完成。启，前，指首功。殿，后，此处指后功。废，废弃，指不评功。

㊻这句的意思是，在城下挖地道，塞入柴火，然后焚烧木柱。内通，孙诒让认为，“内”与“穴”字形相近而误。穴通，挖地道。燔柱，焚烧木柱。

㊼陷队之士，冲锋陷阵之士。队，为“隧”字之误。面十八人，在地道中准备进攻的士兵，每一面（隧道）有十八人。

㊽朱师辙认为，“得”当为“退”。

㊾每队斩首敌人五人。

㊿一人后，指家中一人继承其爵位。

(51)孙诒让认为，“环”当为“轘”，即车裂之刑。

(52)劓（yì），割鼻之刑。

(53)中卒，中军之卒。

(54)壹，陶鸿庆认为当为“台”。国正监，秦官名，主管监察军队。王御史，朝廷派去的御史。参，共。

(55)高亨认为，“几”当为“祈”，朱师辙解“几”为“近”。欲，高亨、蒋礼鸿都解为“欲求”，唯朱师辙认为“欲”与“次”字相近而误。几、欲二解，朱说为胜，取朱说。此句意为，（将军）对从地道里向敌攻击的士兵，先以最近的士兵补充，最近的士兵不够，就以次近的士兵补充增援。

[译文]

包围攻打敌人的城邑，国司空先估量城墙的长度与宽度。国尉划分各队攻击地段，徒、校各自分得若干大小的城墙作为攻击的目标，立下破城的期限，宣布说：“先攻入城的立首功，后攻入城的就评判为末功，两次判为后入城的，就不记功了。”军队在城下挖地道，塞入柴火，然后焚烧木柱。在地道中准备攻击的士兵，每一隧道中有十八人。冲锋陷阵的士兵，要奋力战斗，不许后退，每队斩敌五人，整队每人都赐爵一级；假若战死了，他家中一人可以继承爵位。如果不拼命作战，就在千人面前车裂他示众。如果有人劝阻，就在城下将劝阻者施以黥劓之刑。国尉划分各队攻城地段后，就令中军的士兵跟随队伍攻击。将军登上搭建的木台，与国正监以及朝廷派来的御史一同观看战况。先攻入城的，就将他树立为首功；后入城的，记为末功。对从地道里向敌攻击的士兵，先以距离最近的士兵补充，最近的士兵不足，就以次近的士兵补充增援。

弱民第二十

[题解]

　　弱民，指令民众怯弱，不敢犯法。本篇内容与《去强》篇前半部分相近，似为后者主要观点所做的详细注释。篇中提出"民弱国强，民强国弱"的说法，从人性以及经济原则、社会发展逻辑等方面对国民强弱的原因加以分析。作者认为"法明治省"，法度公明有益于提高行政效率，这是国家强大的前提条件，而"国贵少变"，法律贵在稳定，故文中极力强调维护法律权威的重要性，指出民众不畏违法将对国家造成严重危害。此外，文章还主张"主操权""主贵多变"，要求君主凭借权术驾驭群臣，这实际上是一种帝王术，反映了法家代表人物申不害"操杀生之柄，课群臣之能"之说的影响。篇末记载了秦楚战争的一些史实，文字与《荀子·议兵》篇略同，当为后世编者误入。

　　民弱国强，国强民弱①。故有道之国务在弱民②。朴则强，淫则弱③。弱则轨，淫则越志④。弱则有用，越志则强。故曰：以强去强者，弱；以弱去强者，强。

[注释]

①国强民弱,当为"民强国弱"。

②务,力求。

③朱师辙认为,此处当为"朴则弱,淫则强"。

④轨,指守法。《新书·道术》:"缘法循理谓之轨。"越志,放纵心志。

[译文]

人民怯弱,国家就强大,人民强悍,国家就削弱。有法度的国家都力求使人民怯弱。人民淳朴就怯弱,人民恣肆就强悍。怯弱就会守法,人民恣肆就会放纵心志。怯弱就容易被国家役使,放纵心志就变得强悍不受约束。因此说,以强民的办法来除去不守法之民,国家就会衰弱;以弱民的办法来除去不守法之民,国家就会变强大。

民,善之则亲,利之用则和;用则有任,和则匮;有任,乃富于政⑤。上舍法,任民之所善,故奸多。

[注释]

⑤善之则亲,与《说民》篇"用善,则民亲其亲"义相仿,指用儒家仁爱友善之道治民,民众就会亲近自己的家人(但不亲近君主)。利之用,语序颠倒,当为"利用之"。任,役使。匮,朱师辙认为,"匮"上当有一"不"字。富于政,在政治上见效。

[译文]

以仁爱友善之道治理民众,他们就会亲近自己的家人,拿利禄引诱民众为君主所用,他们才会与朝廷同心同德;民众愿意为朝廷所用,就能役使他们;与朝廷同心同德,国家的力量必然不会匮乏;能够役使民众,政治上一定会富有成效。君主如果舍弃法度,以仁爱友善之道治理民众,奸邪就滋生繁多。

民贫则力富⑥,力富则淫⑦,淫则有虱⑧。故民富而不用,则使民以食出⑨,各必有力,则农不偷。农不偷,六虱无萌。故国富而贫治⑩,重强⑪。

[注释]

⑥力富,尽力求富。

⑦朱师辙认为,"力"字为"民"之误。

⑧虱,即《去强》篇提到的虱害。

⑨不用,指民众不为国家所用。王时润认为"以食出"下疑当增一"爵"字,捐粮食换取爵位。

⑩国富而贫治,用治理贫国的方式来治理富国,见《去强》篇注③。

⑪重强,强上加强。

[译文]

民众贫穷就会尽力求富,但当他们真的富裕了就会变得骄奢淫逸,骄奢淫逸就会产生虱害。因此，假如民众富裕而不愿意为国家所用，那么就让他们捐出粮食以换取爵位，这样他们必然努力耕作，不会偷懒。农民不偷懒，六种虱害就不会发生。因此，用治理贫国的方式来治理富国，这是强上加强。

兵，易弱难强。民，乐生安佚，死难难正⑫，易之则强⑬。事有羞，多奸寡；赏无失，多奸疑⑭。敌失必利⑮，兵至强威。事无羞⑯，利。用兵久处利势，必王。故兵行敌之所不敢行，强；事兴敌之所羞为，利。

[**注释**]

⑫死难，为国家的危难而牺牲。正，朱师辙解"正"为"治"，高亨解"正"为"之"，蒋礼鸿解"正"为"期"。按，"正"当为纠正之义，与下文"易"字相应。

⑬改易民众乐生怕死的本性，兵力就强大。

⑭事有羞，指对国内事而言，民众对自己分内事是否完成有羞耻感，如耕作、赋税、服役等。多奸寡，干各种坏事的奸人。多奸疑，奸人惊惧。

⑮敌失必利，放走了敌人，一定要以刑罚治罪。敌失，放走了敌人。利，高亨认为乃"刑"之误。

⑯事无羞，指对国外事而言，应为达目的不择手段，抛弃道德，毫无羞耻。在要不要羞耻的问题上，作者主张内外有别，有无羞耻取决于对国家、民众是否有利。

[译文]

国家的兵力易于衰弱，却难于变强。民众都爱惜生命，乐于安逸，想要让他们为国家的危难而牺牲是很难改变的。但是一旦改变民众这种乐生怕死的本性，兵力就会变强大。就国内而言，民众如果对自己分内事没有完成有羞耻感，干各种坏事的奸人就会减少；赏赐不失当，奸人就会惊惧。放走敌人的，一定要以刑罚治罪，这样我们的军队就有强大的兵威。对外而言，要完全不讲羞耻，这对国家有利。对外用兵，长期处于有利的态势，一定会称王于天下。因此，行兵打仗要敢于做敌人不敢做的事，国家才会变强大；敢于做敌人羞于做的事，对国家才有好处。

法有，民安其次；主变，事能得齐⑰。国守安⑱，主操权，利。故主贵多变，国贵少变⑲。利出一孔则国多物，出十孔则国少物。守一者治，守十者乱。治则强，乱则弱。强则物来，弱则物去⑳。故国致物者强，去物者弱㉑。

[注释]

⑰次，秩序。齐，通"济"，《尔雅·释言》："济，成也。"
⑱安，指"民安其次"。
⑲为君之道贵在多变，治国之道贵在守法少变。
⑳物来，财物增多。物去，财物减少。
㉑致，招致。

[译文]

　　国家有法度，民众就安于秩序；君主能够随机应变，诸事就容易成功。国家有令民众遵循的法律，君主又善于权变，就会一切顺利。为君之道贵在多变，治国之道贵在守法少变。民众获取利禄只有农战一个渠道，国家的财物就会增多，民众获取利禄有十个渠道，国家的财物就会减少。坚持让民众只能从农战中得利，国家就能治理得很好，而利出多途，国家就会变得混乱。国家治理得好就会变强大，国家混乱就会衰弱。国家强大了，就会招致更多的财物，国家衰弱了，就会让更多的财物丧失掉。因此，能招致更多财物的国家就强大，丧失更多财物的国家就弱小。

　　民，辱则贵爵[22]，弱则尊官，贫则重赏。以刑治民，则乐用；以赏战，民则轻死。故战事兵用曰强[23]。民有私荣，则贱列卑官[24]，富则轻赏。治民羞辱以刑[25]，战则战。民畏死，事乱而战，故兵农怠而国弱[26]。

[注释]

　　[22]辱则贵爵，处于卑辱就会看重爵位。

　　[23]战事兵用，战备部署严整，军队常训练、打仗。参《去强》篇注⑨。事，治。

　　[24]私荣，指依附私门显贵而获得殊荣。贱列卑官，耻于列入官吏的行列。

㉕羞辱以刑，以刑罚羞辱民众，使他们知耻而奋进。

㉖事乱而战，平时不务正业，从事农战以外的闲事，未经训练，临时组织起来出战（必败）。乱，农战以外的闲事。怠，严本作"息"，误，据他本改。

[译文]

民众处于卑辱的地位，就会看重爵位，怯弱就会尊敬官长，贫穷就会看重赏赐。朝廷用刑罚来治理民众，民众就会乐于为其所用。用赏赐来激励民众作战，民众就不畏惧死亡。因此，战备部署严整，军队常训练、打仗，国家就强大。民众如果依附显贵而获得殊荣，就会耻于列入官吏的行列，他们变富裕，就会轻视赏赐。治理国家，要以刑罚羞辱民众，到打仗的时候，他们就会勇于作战。民众平时怕死，不务正业，未经军事训练而猝然出战，必败。所以说，士兵与农夫如果怠惰，国家必然削弱。

农、商、官三者，国之常食官也。农辟地，商致物，官法民。三官生虱六，曰"岁"，曰"食"，曰"美"，曰"好"，曰"志"，曰"行"。六者有朴，必削㉗。农有余食，则薄燕于岁㉘。商有淫利，有美好，伤器㉙。官设而不用，志行为卒㉚。六虱成俗，兵必大败。

[注释]

㉗参见《去强》篇注⑩—⑫。

㉘薄，高亨认为当为"普"，按高说无据。王引之《经传释词·十》曰："薄，发声也。"取王说。燕，安。

㉙淫，过多的。《尚书·大禹谟》："罔淫于乐。"孔安国传曰："淫，过也。"伤器，指器物被无端浪费。

㉚卒，高亨认为当读为"瘁"，疾病。朱师辙认为，隶人给事为"卒"。蒋礼鸿解"卒"为"众"。据上下文义，高说为胜。

[译文]

农夫、商人与官吏，这是国家常见的三种职业。农民耕垦土地，商人贩卖货物，官吏治理人民。这三种职业，产生了六种虱害：岁虱（农民不努力耕作），食虱（浪费粮食），美虱（物品华美），好虱（贩卖赏玩之物），志虱（官吏心怀私志），行虱（官吏贪赃枉法）。这六虱生了根，国家必然衰弱。农民有余粮，就成年安逸享乐。商人觊觎大利，贩卖赏玩之物，造成器物的浪费。官职空设而不用，官员的意志消沉，行为放荡，都会对国家造成危害。六种虱害形成了风气，军队必然打败仗。

法枉治乱，任善言多㉛。治众国乱，言多兵弱。法明治省，任力言息㉜。治省国治，言息兵强。故治大，国小；治小，国大㉝。

[注释]

㉛枉，不直，邪曲。善，指只知以仁、义讨好民众的"善人"。

㉜力，尽力于农战者。

㉝参见《去强》篇注⑮、注⑯。

[译文]

法律邪曲，政治就混乱，任用只知讨好民众的所谓"善人"，空谈就多起来。治理纷杂，国家就会发生动乱，空谈增多，兵力就变衰弱。法律严明，治理就简省，任用尽力于农战者，空谈停止了。治理简省，国家就大治，空谈停止了，兵力就会变得强大。因此，用礼、乐等大而无当之物治国，国土就会缩小；用专一简便之法治国，国土就会变大。

政作民之所恶，民弱；政作民之所乐，民强㉞。民弱国强，民强国弱。故民之所乐，民强，民强而强之㉟，兵重弱。民之所乐，民强，民强而弱之，兵重强。故以强重弱，弱重强，王㊱。以强政强弱，弱存；以弱政弱强，强去。强存则弱，强去则王。故以强政弱，削；以弱政强，王也㊲。

[注释]

㉞政作民之所恶，实行让民众厌恶的政令，如刑罚、战斗等。所乐，指安逸骄纵之事。民强，民众强悍不法。

㉟民强而强之，实行让强悍的民众更为强悍不法的政策。

㊱陶鸿庆认为，此句当为"以强重弱，削；以弱重强，王"。

㊲以强政强，朱师辙认为，此"政"字当为"攻"字之误，以下几句"政"字皆同。弱存，陶鸿庆认为当为"强存"。以弱攻弱，据上下文义，当为"以弱攻强"。以强政弱，当为"以强攻强"。蒋礼鸿认为这几句话有讹误，并校正为："以强攻强，强存。以弱攻强，强去。强存

则弱,强去则王。故以强攻强,弱;以弱攻强,王也。"蒋说是,从蒋说。

[译文]

实行让民众厌恶的政令,民众就怯弱;实行让民众安逸的政令,民众就强悍不守法。民众怯弱国家就强大,民众强悍国家就削弱。民众天性喜欢安逸骄纵,他们容易变得强悍,朝廷又实行令他们更为强悍的政策,兵力就会加倍地削弱。民众天性喜欢安逸强纵,他们容易变得强悍,朝廷实行令他们怯弱的政策,兵力就会加倍地增强。因此,采用使民众强悍的政策,使兵力更加削弱,国家也会变衰弱;实行让民众怯弱的政策,让兵力加倍地增强,就能够称王于天下。实行让民众强悍的政策来治理强悍之民,国家就变衰弱,而强民仍会存在;实行让民众怯弱的政策来治理强悍之民,国家就变强大,强悍之民也不存在了。国家有强悍之民,就会削弱;国家无强悍之民,就能称王于天下。因此,以令民强悍的政策来治理强民,国家就会削弱;以令民怯弱的政策来治理强民,国君就能称王于天下。

明主之使其臣也,用必加于功㊳,赏必尽其劳。人主使其民信此如日月,则无敌矣。今离娄见秋豪之末,不能以明目易人;乌获举千钧之重,不能以多力易人㊴。圣贤在体性也,不能以相易也㊵。今当世之用事者,皆欲为上圣,举法之谓也㊶。背法而治,此任重道远而无马牛,济大川而无舡楫也㊷。今夫人众兵强,此帝王之大资也,苟非明法以守之也,与危亡为邻。故明主察法,境内之民无辟淫之心，游处之士迫于战阵，万民疾于耕战，有以知其然也㊸。

[注释]

㊳用必加于功，用人必须根据他的功绩。

㊴见《错法》篇注㉑。

㊵见《错法》篇注㉒。

㊶举法，实行法治。

㊷舩（chuán），船。楫（jí），桨。

㊸有以知其然，之所以这样，是有原因的。

[译文]

圣明的君主役使他的臣下，任用人一定根据他的功绩，赏赐人一定完全符合他的功劳。君主让民众信任他就好像信任日月一样，就天下无敌了。古时的离娄能看见百步之外野兽的毫毛，但不能把自己的好眼力给人；乌获有能举千钧的力量，但不能把自己的大力气给予别人。圣人具有的优良本性与品德也不能给予别人。今天当世的君主，都想做圣人，其实推行法治就足够了。违背法度而统治，就像负重远行却没有牛、马的辅助，想要渡大河却没有舟和桨一样。人口众多、军队强大，这是帝王称霸的大资本，但是如果法度既不严明也不很好地遵守，那就与危亡相近了。因此，圣明的君主令法度彰明，境内的民众就没有邪辟放荡之心，四处游荡不务正业的闲人被迫去打仗，所有的民众都努力耕战，他们之所以这样，是有原因的。

楚国之民，齐疾而均㊹，速若飘风；宛钜铁䥖，利若蜂虿㊺；胁鲛犀兕㊻，坚若金石；江、汉以为池，汝、颍以为限㊼；隐以邓林，缘以方城㊽。秦师至，鄢郢举，若振槁㊾；唐蔑死于垂涉，庄蹻发于内，楚分为五㊿。地非不大也，民非不众也，甲兵财用非不多也；战不胜，守不固，此无法之所生也，释权衡而操轻重者㊁。

[**注释**]

㊹齐疾，行动迅速。均，齐整。司马迁《史记·货殖列传》说楚人"其俗剽轻，易发怒"，《史记·留侯世家》也说楚人"剽疾"，看来楚人剽悍、轻疾是战国时期人们的普遍看法。

㊺宛，楚国都邑，在今河南省南阳市。钜，钢铁，《说文》："钜，大刚也。"䥖（shī），短矛。虿（chài），蝎子。

㊻胁，两膀。高亨认为"胁"在此处为动词，即披在两膀之上。犀兕（sì），指用犀牛类动物的皮做成的皮甲。兕，犀牛一类的动物。

㊼江，长江。汉，汉江。汝，汝水，在河南境内。颍，颍水，自河南流经安徽入淮。限，门槛，《说文》："限，阻也，一曰门榍。"

㊽邓林，邓国之地，在楚国北方。方城，指方城山，位于楚国北界，在今河南省方城县东北。

㊾鄢，楚国城邑，在今湖北省宜城市，与《左传》中"郑伯克段于鄢"的河南鄢陵不是一个地方。郢，楚国都城，前278年，秦将白起攻破郢都。槁，干枯的草木。

㊿唐蔑,一作唐昧,楚将。楚怀王二十八年(前301年),秦、魏、齐、韩联军伐楚,杀唐蔑。垂涉,《荀子·议兵》篇作"垂沙",地名,未详所在。庄蹻,楚人,在国内起事造反,楚国遂分裂为五部分。《华阳国志·南中志》说楚威王时派遣大将庄蹻入滇,与此庄蹻当不是同一人。按,《荀子·议兵》篇中唐蔑、庄蹻事在前,秦军攻克郢都在后,本段抄《荀子》而次序颠倒。

㉛释,放。权,秤锤。衡,秤杆。

[译文]

楚国的民众行动迅疾齐一,像旋风一样;用宛地出产的钢铁打成短矛,就像蜂刺与蝎尾那样锋利;两膀上披挂着犀兕皮加工而成的皮甲,像金石一样坚不可摧;把长江、汉江当作楚国的护城河,汝水、颖水当作楚国的门槛;将邓林作为楚国的屏障,把方城山作为楚国的边防。但是秦国的大军一来,鄢、郢立即被攻破,就像敲击干枯的草木一样。唐蔑在垂涉被秦军杀死,庄蹻趁机起事造反,楚国就分裂为五部分。楚国的领土并不是不大,人口并不是不多,兵甲、财物并不是不足够,但是打仗却打不赢,守城也守不住,这是因为楚国没有法度所造成的,没有法度,就好像是舍弃秤锤与秤杆,去测量轻重一样。

御盗第二十一 （亡佚）

孙星衍绵眇阁本作"御盗"，今据此补。

外内第二十二

[题解]

　　本篇的主要内容是讲"重法重治"。重法，指多赏战功，严明法纪，堵塞不经战斗而邀取功名之途，让民众好战忘死；重治，指的是对非农之业多征租税徭役，令食贵商贱，驱使民众弃商务农。此二事前者属于外事，后者属于内事，故篇名取为"外内"。在《商君书》全书的其他各篇中，对非农之民都是笼统混谈的，而《外内》篇则将"辩知""游宦""文学""商贾""技巧"这几类人做了明确划分，前三者定义为阻碍外事者，后二者判定为阻碍内事者，这是本篇的一个特点。

　　民之外事，莫难于战，故轻法不可以使之。奚谓轻法？其赏少而威薄，淫道不塞之谓也。奚谓淫道？为辩知者贵，游宦者任，文学私名显之谓也①。三者不塞，则民不战而事失矣。故其赏少，则听者无利也；威薄，则犯者无害也。故开淫道以诱之，而以轻法战之，是谓设鼠而饵以狸也，亦不几乎②！故欲战其民者，必以重法。赏则必多，威则必严，淫道必塞，为辩知者不贵，游宦者不任，文学私名不显。赏多威严，民见战赏之多则忘死，见不战之辱则苦生③。赏使之忘死，而威使之苦生，而淫道又塞，以此遇敌，是以百石之弩射飘叶也④，何不陷之有哉？

[注释]

①辩知者，即书中屡屡提到的以空谈欺世的"巧言虚道者"。游宦，即"随从外权"，四处游荡，投靠显贵者。文学，即好读《诗》《书》，以取显名者。

②设鼠而饵以狸，设机关捕鼠，却以野猫做诱饵。设鼠，设机关捕鼠。狸，野猫。几，近。

③苦生，不战而施以刑罚，民众难以忍受此种羞辱。

④石，古制，一石为一百二十斤。

[译文]

民众的外事，没有比作战更难的了，因此轻法不能驱使民众作战。什么叫作"轻法"？就是赏赐少而法律没有威严，不堵塞淫邪之道。什么叫作淫邪之道？就是让空谈者富贵，任用那些四处求官的游士，让读《诗经》《尚书》的人名声显赫。这三种利禄之途不堵塞，民众就不愿去作战，战争就失败了。赏赐少，对听从法令的人就没有什么利益的吸引；法律没威严，犯法的人就得不到惩治。因此，打开淫邪之道来引诱民众，又以轻法驱使民众去作战，这就像设机关捕鼠，却以野猫做诱饵，（动机与效果）相差不是太远了吗？要让民众愿意作战，必须施行重法。赏赐一定要加多，法纪一定要严明，淫邪之道一定要堵塞，让空谈者不能获取富贵，让那些四处求官的游士得不到任用，让读《诗经》《尚书》的人不能得到显名。赏赐增多，法纪严明，民众见到努力战斗有重赏，就会舍生忘死；见到不战有严刑惩治，就会羞于偷生。重赏使民众忘死，重刑使民众羞于偷生，淫邪之道又被堵塞，以这样的民众去攻击外敌，就像用一百二十斤的劲弩射击飘飞的树叶一样，怎么可能射不穿呢？

民之内事，莫苦于农，故轻治不可以使之。奚谓轻治？其农贫而商富，故其食贱者钱重，食贱则农贫，钱重则商富；末事不禁⑤，则技巧之人利，而游食者众之谓也。故农之用力最苦，而赢利少，不如商贾、技巧之人。苟能令商贾、技巧之人无繁，则欲国之无富，不可得也。故曰：欲农富其国者，境内之食必贵，而不农之征必多，市利之租必重。则民不得无田⑥，无田不得不易其食⑦。食贵则田者利，田者利则事者众。食贵，籴食不利，而又加重征，则民不得无去其商贾、技巧而事地利矣。故民之力尽在于地利矣。故为国者，边利尽归于兵，市利尽归于农。边利归于兵者强，市利归于农者富。故出战而强，入休而富者，王也。

[注释]

⑤末，文中以农耕为根本，故将商贾、技巧等职业称作末事。

⑥农富其国，靠农业使国家变富足。征，赋税徭役。田，指耕作。

⑦易,购买。

[译文]

民众的内事,没有比耕作更苦的了,因此轻治不能驱使民众务农。什么叫作"轻治"?就是农民贫困而商人富裕,粮价低贱而货币贵重。粮价低贱农民就贫困,货币贵重商人就致富。商贾、技巧这些"末事"不被禁止,那么商人、手艺人就赚取了利润,社会上不事耕作的游手好闲之徒就增多了。农民用力最为勤苦,但获利却最少,不如商人与手艺人。假如能够限制商人、手艺人的人数不那么多,那么想要国家不富裕都不可能。所以说,想要靠农业使国家变富足,必须提高境内的粮价,对不务农的人增加他们的赋税徭役,对市场上的交易课以重税。这样,民众就不得不去耕作,不耕作,就不得不去购买粮食。粮价高,种田的农夫就获利,农夫获利,愿意耕田的人就会增多。粮食贵,买粮就没有什么好处,国家又加重赋税徭役,民众就不得不放弃商贾、技巧之事而专心务农。如此,民众之力都用在农业上了。治理国家的人,要把对外作战的好处都归于士兵,对内市场交易的好处都给予农夫。作战的好处都归于士兵的国家就强大,市场交易的好处都给予农夫的国家就富裕。因此,这种国家有战事的时候兵力强大,无战事的时候境内富足,就可以称王于天下了。

君臣第二十三

[题解]

本篇是商鞅或商鞅学派的朝臣上书秦君的奏章。文中追溯君主制度产生的社会背景,指出设立君主是由于"民乱而不治",此类将人类早期社会形态形容为纷乱相争,为后世君主制度寻找根据的分析,在墨子、韩非等人的著作中也时有所见。文章强调法治的重要性,主张君主要"缘法而治",否则不但民不得治,就是君主自己的地位也岌岌可危,无法保障。文中列举了农战之外的各种"奸邪",其中有"学问"者、"游宦"者、"语勇"者,将这三种人视为造成国乱地削、兵弱主卑的祸首。作者还认为,民众的本性都是逐利而动的,对于选择从事农战还是奸邪之业并无固定的意见,如同水流四方一样没有方向,所以一国良好风气能否养成,关键在于君主的正确引导。

古者未有君臣上下之时,民乱而不治。是以圣人列贵贱,制爵位,立名号,以别君臣上下之义。地广,民众,万物多,故分五官而守之①。民众而奸邪生,故立法制、为度量以禁之。是故有君臣之义,五官之分,法制之禁,不可不慎也。处君位而令不行,则危;五官分而无常,则乱;法制设而私善行,则民不畏刑。君尊则令行,官修则有常事②,法制明则民畏刑。法制不明,而求民之行令也,不可得也。民不从令,而求君之尊也,虽尧、舜之知,不能以治。明王之治天下也，缘法而治，按功而赏。凡民之所疾战不避死者，以求爵禄也。明君之治国也，士有斩首捕虏之功，必其爵足荣也，禄足食也。农不离廛者③，足以养二亲，治军事④。故军士死节，而农民不偷也。

[注释]

①五官，《礼记·曲礼》："天子之五官，曰司徒、司马、司空、司士、司寇。"又，《左传·昭公二十九年》："故有五行之官，是谓五官……木正曰句芒，火正曰祝融，金正曰蓐收，水正曰玄冥，土正曰后土。"本篇所说的五官，未详是哪一种。

②修，修饬，严整。

③廛（chán），所居之处。蒋礼鸿认为"廛里为居，不离其居犹言不离其业，亦可不必过泥"。《周礼·廛人》郑玄注："廛，民居区域之称。"

④治军事，供备军需。

[译文]

古代还没有君臣，也没有尊卑上下的时候，民众纷乱相争，无法治理。因此，圣人划分贵贱，制定爵位，建立不同的名号，以此来区分君臣上下的等级关系。地域广阔，人民众多，财物丰富，就设置五种官职来管理。人口众多，奸邪就滋生出来，因此不得不设立法律制度，制作尺度量器以禁止奸邪之事。这样才会有君臣的大义，五官的分职与法度的约束，对这一点，不可以不慎重啊。国君以君主的地位发布的法令却无法通行，就危险了；五官分职却无常规，就混乱了；虽然设立了法度但是讲托人情的私人行善之道却风行，民众就不畏惧刑罚了。国君受到尊重，法令就会通行，官员修饬自己的行为，政事就有常规，法度严明，民众就会畏惧刑罚。法度本身不严明，却要求民众顺从法令，这是办不到的。民众不听从法令，而想要维护国君的尊严，即使有尧、舜那样的智慧，也不能统治。圣明的君主治理国家，依据法律办事，凭借功劳行赏。民众之所以勇于战斗，不畏惧死亡，是想要求取爵禄。圣明的君主治理国家，对军人有斩首、捕敌之功的，一定要用爵位让他获得荣显，用俸禄让其过得富足。农民不离开耕作，足以奉养双亲，有能力供备军需。这样，士兵就会效死奋战，而农民也不会懒于耕作。

今世君不然，释法而以知，背功而以誉⑤，故军士不战而农民流徙。臣闻：道民之门⑥，在上所先。故民，可令农战，可令游宦，可令学问，在上所与⑦。上以功劳与，则民战；上以《诗》《书》与，则民学问。民之于利也，若水于下也，四旁无择也。民徒可以得利而为之者⑧，上与之也。瞋目扼腕而语勇者得⑨，垂衣裳而谈说者得⑩，迟日旷久积劳私门者得⑪，尊向三者，无功而皆可以得，民去农战而为之，或谈议而索之，或事便辟而请之⑫，或以勇争之。故农战之民日寡，而游食者愈众，则国乱而地削，兵弱而主卑。此其所以然者，释法制而任名誉也。

[注释]

⑤释，丢弃。以知，任用智巧之人。誉，指沽名钓誉者。

⑥道，导，引导。

⑦与，给予，指赐予爵禄。

⑧徒，仅，但。

⑨瞋（chēn），《说文》："瞋，张目也。"扼腕，愤怒时握紧手腕。《史记·刺客列传》的《索隐》曰："勇者奋厉，必先以左手扼右腕也。"得，得到爵禄。

⑩垂衣裳，指儒者，儒者峨冠博带，衣裳宽大而下垂。

⑪迟日旷久，长年累月。积劳私门，投靠于私人显贵，为其效劳。

⑫便（pián）辟，一为谄媚逢迎，《论语·季氏》："友便辟，友善柔，友便佞，损矣。"邢昺疏："便辟，巧辟人之所忌以求容媚者也。"二为君主宠幸的小臣。此处"便辟"当为后义。

[译文]

今天的君主却不是这样，他们丢弃法度而任用那些智巧之人，违背按功行赏的原则而赏赐那些沽名钓誉之人，因此士兵不愿意作战，农民也到处迁移流动。我听说过这样的话：民众走哪条道路，在于国君的引导。民众，可以让他们农战，可以让他们四处游说求官，也可以让他们从事学问，这一切在于君主给予他们什么。君主按照功劳赐予人爵禄，民众就乐于战斗；君主以攻读《诗经》《尚书》赐予人爵禄，民众就从事学问。民众追逐利益，就像水往低处流向四方一样，是没有选择的。人民是只要得利就会去做，关键在于君主拿什么给他们。假如那些张目扼腕、谈论勇气的游侠得到了好处，整日空谈的儒者得到了好处，长期投靠于私人显贵的势利之徒得到了好处，国家尊崇的这三种人，不用建立任何功劳就能拿到好处，民众就会离弃农战而追逐私利，或者效仿空谈者去追逐爵禄，或者侍奉国君的宠臣而向其请托，或以私人的血气之勇来求取爵禄。这样，从事农战的民众就会越来越少，而游手好闲不事生产的民众就会越来越多，国家就会陷入混乱，国土被削夺，兵力衰弱，君主地位卑微。发生这样的事的原因，是君主废弃法度而任用沽名钓誉之辈。

故明主慎法制。言不中法者不听也，行不中法者不高也⑬，事不中法者不为也。言中法，则辩之；行中法，则高之；事中法，则为之。故国治而地广，兵强而主尊，此治之至也。人君者不可不察也。

[注释]

⑬中，符合。高，以此为高，表彰。

[译文]

所以圣明的君主慎重地对待法制。所有言论，凡是不符合法度的就不听信；所有行为，凡是不符合法度的就不去表彰；所有事情，凡是不符合法度的就不去做。言论符合法度，就听从；行为符合法度，就表彰；事情符合法度，就去做。这样，国家就能得到很好的治理，疆土扩大，兵力强盛，国君受到尊重，这是治理国家的最高成就。身为人君者不可以不细加考察啊。

禁使第二十四

[题解]

本篇同样是商鞅学派的臣下向国君上书的奏章。"禁"指的是禁止民众违法。"使"则讲的是如何役使官吏。文中提出，要想达到这两种目的，就要依靠"法""势"与"数"三者的结合。所谓势，就是君主的权势；而数，主要是指操纵驾驭群臣的帝王之术。先秦法家中主要的派别有三家，商鞅重"法"，慎到言"势"，申不害倡"术"。商鞅学派的后学，将这三家思想的精华融为一体，这样，法家思想就更为全面了，这一点后来也为韩非所继承。

法度制定出来后，如何保证其至高的权威性，使民众畏惧法度，不敢以身试法？作者认为，一方面，要以君主的权势造成法度的威严，这就是"势"的作用。另一方面，法度不能自我运行，要依靠人去实施，执法的官吏是人，监督官吏的监察官也是人，而人性是趋利的，这些群体之间存在着共同的利益，就有为维护共同利益勾结起来破坏法度的动机，这就是法度本身的局限所在。君主必须用"术"来破除官员之间的利益同盟，使其各自的利益冲突起来，从而达到彼此牵制、互相监督的效果。"术"的本质是一种在政治体制内部设计权力分立、实施权力制衡的思想，对古代政治制度的发展影响深远，也是宋以后朝臣"异论相搅""权归于上"的政治哲学之滥觞。

作者观察到，社会中存在着不同的阶层，阶层之间存在着利害的同异问题，如君主与官吏、官吏与民众之间的利害就不一致，而养马官与马的比喻，则象征着统治阶级与被统治阶级的关系。应该说，文章对社会矛盾的分析是十分深刻的。

人主之所以禁使者，赏罚也①。赏随功，罚随罪。故论功察罪不可不审也。夫赏高罚下，而上无必知其道也，与无道同也②。凡知道者，势、数也③。故先王不恃其强而恃其势，不恃其信而恃其数。今夫飞蓬遇飘风而行千里，乘风之势也；探渊者知千仞之深，县绳之数也④。故托其势者，虽远必至；守其数者，虽深必得。今夫幽夜，山陵之大，而离娄不见⑤；清朝日䵎⑥，则上别飞鸟，下察秋豪。故目之见也，托日之势也。得势之至，不参官而洁⑦，陈数而物当。今恃多官众吏，官立丞、监⑧。夫置丞立监者，且以禁人之为利也；而丞、监亦欲为利，则何以相禁？故恃丞、监而治者，仅存之治也⑨。通数者不然也。别其势，难其道⑩，故曰：其势难匿者，虽跖不为非焉。故先王贵势。

[注释]

①禁，禁止民众违法。使，驱使官吏为朝廷服务。

②奖赏高功，惩罚卑下之罪，君主如果不知道这个原则，就与没有原则一样。

③势，指权势。数，同"术"，指帝王操纵官吏的办法。

④仞（rèn），古代度量单位，周代一仞为八尺。县，通"悬"。

⑤离娄，参见《错法》篇注㉑。

⑥清朝（zhāo）日䵎（tuān），指清早太阳出来。䵎，《说文》："䵎，黄黑色也。"《广雅》："䵎，黄也。"高亨以为"䵎"通"旦"，不确。黄色为日出之色。

⑦参,杂多。洁,陶鸿庆认为,当为"絜"字之误,絜,度。

⑧丞、监,秦官职名,丞主辅佐,监主监察。

⑨仅存之治,仅仅维系免于危亡,不是根本之道。

⑩难其道,令其难以找到为非的途径。

[译文]

国君用来禁止民众违法,役使官员为朝廷服务的办法是赏赐与刑罚。赏赐依据功劳大小而定,刑罚依据罪行轻重而治罪。考核功劳,审定罪行这件事不可以不慎重对待。奖赏高功,惩罚卑下之罪,君主如果不确实知道这个原则,就与没有原则一样。奖赏高功,惩罚卑下之罪的原则,其实就是势与术。先王不依恃武力的强大,但依恃作为君主自身具有的权势;不依恃信用,但依恃政治手段。比如:地上的飞蓬,遇到大风,就能飞行千里,这是凭借了风势;测量渊水的人,知道深渊有几千尺的高度,这是因为懂得悬挂绳索的办法。依托事物的势,即使路途再遥远也终归能到达;掌握了悬绳的办法,即使深渊再深也能够探底。在幽暗的夜晚,即使对面是一座大山,目力超人的离娄也看不到;但到了清晨太阳一出来,他就能分辨天上的飞鸟,细辨地上走兽的毫毛。眼睛看得见,靠的是太阳的光明。国君用好权势,不需要设置很多官职,也能令法度井然,使出适当的政治手段,就能把事务办得恰到好处。现在的国君仅仅依靠官员众多来治理国家,又设置丞来辅佐官吏,设置监来督察官吏。设置丞与监的本意,是要禁止人们为了私利违反法度,但丞与监自身也有追求私利的欲望,他们又如何去禁止别人呢?依靠设立丞、监来治理国家,仅仅是维系国家生存使之免于危亡的手段。了解治国方法的君主则不是这样。他们将官吏的职权各自划分，令其找不到干坏事的途径。因此说，君主的权势使得作恶者难以躲藏，连盗跖这样的人也不敢为非作歹了。这就是先王为什么看重权势。

或曰："人主执虚后以应，则物应稽验⑪；稽验，则奸得。"臣以为不然。夫吏专制决事于千里之外，十二月而计书以定⑫，事以一岁别计，而主以一听⑬，见所疑焉，不可蔽，员不足⑭。夫物至，则目不得不见；言薄，则耳不得不闻⑮。故物至则变，言至则论⑯。故治国之制，民不得避罪，如目不能以所见遁心⑰。今乱国不然，恃多官众吏。吏虽众，同体一也⑱，夫同体一者相不可⑲。且夫利异而害不同者，先王所以为保也⑳。故至治，夫妻、交友不能相为弃恶盖非，而不害于亲，民人不能相为隐㉑。上与吏也，事合而利异者也。今夫驵、虞以相监，不可，事合而利异者也㉒。若使马马能焉㉓，则驵、虞无所逃其恶矣，利异也。利合而恶同者，父不能以问子，君不能以问臣㉔。吏之与吏，利合而恶同也。夫事合而利异者，先王之所以为端也㉕。民之蔽主，而不害于盖㉖。贤者不能益，不肖者不能损。故遗贤去知㉗，治之数也。

[注释]

⑪虚、后，道家的说法。虚指虚静无为，《韩非子·主道》篇说君主应该："虚静以待令，令名自命也，令事自定也。"后指甘为人后，即老子说的"不敢为天下先"。稽，核验。

⑫计书，账簿。古时官吏在年终时要将本地一年的计书上交给上级。

⑬听，听断，裁决。

⑭蔽，《国语·晋语》："及蔽狱之日。"韦昭注："蔽，决也。"员，《说文》："员，物数也。"

⑮薄，迫近。

⑯变，陶鸿庆认为当读为"辩"，辩，明也。论，判断。

⑰遁心，逃避内心的认识。

⑱同体，指官吏的利益休戚相关，结为一体。孙诒让认为，"同"字上缺一"事"字，当为"事同体一"，即职务与地位相同。

⑲孙诒让认为，"相"字下缺一"监"字，"相不可"实为"相监不可"，即不能互相监督。

⑳利异而害不同，利、害关系都不同。保，即秦法令民众互相监督、彼此担保的连坐制度。

㉑相为隐，即孔子主张的"父为子隐，子为父隐"，家人之间有罪互相庇护的行为。

㉒驺、虞，俞樾认为，为古时两种掌鸟兽之官。利异，当为"利同"之误。

㉓马马能焉，此处第二个"马"字当为衍文，"焉"为"言"之误。范钦本作"马焉能言"，可证。

㉔问，责问。

㉕端，本也。

㉖不害于盖，指君主不被臣民蒙蔽所害。

㉗遗，遗弃。

[译文]

　　有人说："君主应该虚静无为，甘为人后，如此，事务就会自动得到应验，应验后，奸邪就会败露。"我认为不是这样。官吏们在离朝廷千里之外的地方独自裁决事务，年终时才将本地一年的账簿上交给上级，事务以年度为计算入账，君主只能依靠这个账簿来裁决。君主即使发现账簿的可疑之处，也不可能做出决断来处理，因为物数不足以证明。当事物出现在眼前，眼睛不能不见；当声音传到耳边，耳朵也不得不闻。事物到眼前，就能辨别清楚了，话到耳边了，就能裁断是非了。良政之国的法制，让民众不能逃脱自己所犯之罪的罪责，就像眼睛不能以其所见而逃避内心的认知一样。现在那些混乱的国家却不一样，他们依恃着官吏众多。官吏虽然众多，但他们的职务相同、地位相同，职务、地位相同，就不能互相监督。而且，人们的利害关系不同，这是先王建立令民众互相监督、彼此担保的连坐制度的依据。治理得最好的国家，连夫妻与好友之间都做不到放任对方的罪恶，掩盖彼此的错误行为，而不使自己的亲友因此受害，对于一般人就更不会互相包庇了。国君与官吏之间，虽然事务相关但是利益相异。比如，让同为掌管鸟兽的驺、虞两种官职之间互相监督，是办不到的，因为这两种人事务相合且利益相同。但假设马能说话，那么，驺、虞干的坏事就无法隐藏了，这是因为马与驺、虞利益相异的缘故。如果利害相同，好恶完全一致，那么父亲就无法责问儿子，君主也不能责问大臣。官吏之间，就是利益相合，好恶也相近。让人们事务相关但利益却相异，这是先王建立法制的根本所在。民众想蒙蔽君主，但却无法使君主受到蒙蔽之害。贤明的人不能给法度增添一份好处，不贤明的人也不能使法度减少一份好处。所以说，遗弃那些贤人，不用智士，才是治理国家的要术。

慎法第二十五

[题解]

  本篇同样是大臣向国君进献的奏章。所谓"慎法"，就是谨慎地使用与维护法律。文章指出破坏法度的人是所谓的言谈者与结党者，而这两类其实是同一种人。言谈者通过结党而扩大其声势，邀取名誉，造成迷惑国君之心、动摇国君意志的效果；而结党者则往往依据言谈而类聚群分，凭借言谈鼓吹其歪理邪说。唯有堵塞这类人上升的渠道，坚持捍卫法度，国家才能得到大治。接着，篇中又追究人性的根源，认为避害畏苦是人的天性，要想驱民农战就必须倚重刑罚，以法度劫持人性。但这还是不够的，还要利用人的另一种天性即好利，用赏赐来激发与满足人的贪欲，以人类好利的天性克制其怕苦怕死的天性，这就是所谓的霸王之道。

  凡世莫不以其所以乱者治①，故小治而小乱，大治而大乱，人主莫能世治其民，世无不乱之国。奚谓以其所以乱者治？夫举贤能，世之所治也②，而治之所乱。世之所谓贤者，言正也；所以为善正也,党也③。听其言也,则以为能;问其党,以为然。故贵之不待其有功,诛之不待其有罪也。此其势正使污吏有资而成其奸险,小人有资而施其巧诈。初假吏民奸诈之本,而求端悫其末④,禹不能以使十人之众,庸主安能以御一国之民?

[注释]

①世,指今世的国君。所以乱者,使国家混乱的东西(一般指的是儒家的仁、义、礼、乐之类)。

②世之所治,当世用来治理国家的办法。

③党,党羽。

④初,最初。端,正直。悫(què),诚恳。《淮南子·主术训》:"其民朴重端悫。"高诱注:"端,直也;悫,诚也。"

[译文]

当世的国君,没有不用乱国之道来治国的。小规模地治理就会小乱,大规模地治理就会大乱,国君没有能于在位期间很好治理国家的,所以现今也就没有不发生动乱的国家。什么叫作用乱国之道来治国?比如,举贤任能这种当世所称颂的治国之道,其实正是乱国之术。当今人称谓"贤者",说他们正直,而他们之所以有正直之名,不过是因为其党羽的吹捧。国君倾听该人的言论,以为他很有能力;再询问他的党羽,也都说如此。因而,不等他立功就立即加以重用,不等人犯罪就立即诛杀。这种情形恰好使得贪官污吏借机使他们的奸计得逞,小人也借此施展他们的巧诈。国君在开始的时候就树立了官吏与民众奸诈的根本,却要求他们做到正直诚恳,这么干就算大禹这样的圣君也不能指挥动十个人,至于一般的君主怎么能够驾驭一国之民呢?

彼而党与人者,不待我而有成事者也⑤。上举一与民,民倍主位而向私交⑥。民倍主位而向私交,则君弱而臣强。君人者不察也,非侵于诸侯,必劫于百姓。彼言说之势,愚智同学之,士学于言说之人,则民释实事而诵虚词。民释实事而诵虚词,则力少而非多⑦。君人者不察也,以战必损其将,以守必卖其城。

[注释]

⑤党与,结党相助。我,指国君。
⑥倍,高亨认为,"倍"借为"背",背离。
⑦非,读为诽谤之"诽"。

[译文]

那些互相结党的人,不依靠国君就能办成事。倘若国君从臣民中提拔了一个结党之人,其他的人就会背离国君而结党营私。背离国君而结党营私,君主就会变弱而大臣就会变强。国君往往不能认识到这一点,他的权力不被外权侵夺,就要被民众推翻。那些整日空谈者,无论聪明人还是蠢人都去学习他,士人去那里学习空谈,民众就会放弃耕战这些实事而喜欢讲空话。民众放弃实事而讲空话,国家的实力就变小,诽谤朝政的事情就会增多。国君对此毫无察觉,用这些人去打仗,必然会折损大将,用这些人来守城,他们一定会出卖城池给敌人。

故有明主忠臣产于今世而散领其国者，不可以须臾忘于法⑧。破胜党任⑨，节去言谈，任法而治矣。使吏非法无以守，则虽巧不得为奸；使民非战无以效其能，则虽险不得为诈。夫以法相治，以数相举者不能相益，訾言者不能相损⑩。民见相誉无益，相管附恶⑪；见訾言无损，习相憎不相害也。夫爱人者不阿，憎人者不害⑫，爱恶各以其正，治之至也。臣故曰：法任而国治矣。

[注释]

⑧散，蒋礼鸿认为，"散"为"欲"之误，从蒋说。领，治。《礼记·仲尼燕居》："礼也者，领恶而全好者与！"郑玄注："领，犹治也。"须臾（yú），瞬间。

⑨任，《尔雅》："任，佞也。"

⑩以数相举者不能相益，俞樾曰："以数相举下夺誉字。"訾，诋毁。

⑪管，朱师辙认为当借为"遉"，逃避。王时润说"管"为"习"字之误，"附"为"阿"字之误，"相管附恶"实为"习相爱不相阿"。蒋礼鸿认为"恶"字为"爱"字之误。依据后文"爱人者不阿"，王、蒋之说较胜。

⑫阿，偏袒。不害，不伤害。

[译文]

当今之世有圣明的君主与忠实的朝臣想要好好治理自己的国家，就不能片刻忘记法律。要破除、战胜那些邪党与奸佞，禁止空谈，就得依照法律治理国家。要使得官吏离开法律就无法保住自己的地位，这样他们即使心思奸邪也不能得逞；要使得民众离开作战就无法奉献他们的才能，这样他们即使心思险恶也不能去欺诈。用法律治理国家，以固定的标准举荐人才，互相称誉并不能得到好处，那些毁谤别人的人，也无法真正损害到他人。民众看到互相称誉没什么益处，对平时相爱的人就不偏袒；看到诋毁别人没什么益处，对向来相憎的人就不去加害。民众对相爱的人不偏袒，对相憎的人不加害，喜爱与厌恶这两种感情都各自得当，恰如其分，这是治国的极致了。因此我说：依靠法律，国家就会治理得很好。

千乘能以守者，自存也；万乘能以战者，自完也⑬。虽桀为主，不肯诎半辞以下其敌⑭。外不能战，内不能守，虽尧为主，不能以不臣谐所谓不若之国⑮。自此观之，国之所以重，主之所以尊者，力也⑯。于此二者力本，而世主莫能致力者⑰，何也？使民之所苦者无耕，危者无战。二者，孝子难以为其亲，忠臣难以为其君。今欲驱其众民，与之孝子忠臣之所难，臣以为，非劫以刑而驱以赏莫可⑱。而今，夫世俗治者，莫不释法度而任辩慧，后功力而进仁义，民故不务耕战。彼民不归其力于耕，即食屈于内；不归其节于战⑲，则兵弱于外。入而食屈于内，出而兵弱于外，虽有地万里，带甲百万，与独立平原一贯也⑳。

[注释]

⑬自完，自我完善，指足以攻击对方。

⑭诎（qū），折服，屈服。半辞，半句话。

⑮不臣，不称臣。谐，求和解。不若之国，指不善的强暴之国。若，善。

⑯重，被人重视。尊，被人尊重。力，实力。

⑰二，指国重、主尊两件事。致，获得。

⑱非……莫可，除了这样做就没有别的办法。

⑲归，积聚。节，节操。

⑳一贯，一样。

[译文]

拥有一千辆战车的国家能够守住国土，是因为他有使自己得以保存的力量；拥有一万辆战车的国家能够征伐，是因为自我完善（有足以攻击对方的力量）。即使像夏桀那样的昏君，也不肯对敌人说半句卑辞表示屈服。如果在国境外没能力野战，在国境内无法固守，即便有尧这样的明君，也不能不称臣于不善的强暴之国。从这一点来看，一个国家要想被别国重视，一国国君要想被尊敬，都必须具备实力。国家实力是国重、主尊的根本，但当今的国君却很少能获得这种实力，这是为什么？使民众感到困苦的事，莫过于耕作了；使民众陷于危险的事，莫过于战斗了。这两件事，即使孝子也很难为父亲去做，即使忠臣也很难为国君去做。现在如果驱使百姓耕战，去做令孝子与忠臣都难为的事，我以为，除了以刑罚迫使他们，以赏赐引诱他们以外，没有别的办法。今天世俗的国君，没有不抛弃法度而专任空谈者的，高举仁义，却把功劳与实力放在后面，因此，民众不愿从事耕战。民众不积聚力量于耕作，国内粮食就缺乏；民众不把个人节操用在战斗上，国家对外作战的兵力就弱小。国境之内无粮，对外作战兵力虚弱，这样的国家即使疆域万里，甲士百万，也与一个人孤独地立于平原之上一样。

且先王能令其民蹈白刃，被矢石[21]，其民之欲为之？非如学之[22]，所以避害。故吾教令：民之欲利者，非耕不得；避害者，非战不免。境内之民莫不先务耕战，而后得其所乐。故地少粟多，民少兵强。能行二者于境内，则霸王之道毕矣[23]。

[注释]

[21]蹈白刃，指冲锋陷阵。蹈，脚踩。被，受。

[22]如，王时润认为"如"疑当作"好"。

[23]毕，尽。

[译文]

先王能够让民众迎着白刃、飞箭与飞石奋勇作战，这难道是民众自己的意愿吗？他们不是喜欢学习这样做，而是为了避免遭受刑罚。因此，我们的教令是：民众想要获取利益，除了去耕作，再没有别的办法可得到；想要避开刑罚，除了去战斗，再没有别的办法去免除。国境之内的民众无不是先从事农战，后得到好处。所以，虽然地少但是粮食却富余，虽然人少但是兵力却强大。能在境内实行这两条原则，称王称霸的条件就具备了。

定分第二十六

[题解]

　　定分，就是确定法律的名分。本篇谈到发布法令的具体办法：君主发布法令后，首先命令法吏学习法律，通晓程式条文。其后，法吏不但负责将所有法条向民众公布，还要为民众解疑答惑，解答的整个过程必须用文字记录保存下来，以备将来复查。国君发布的法条，除了发往各地以外，还要配备副本，深藏于宫中禁室严密保管，官吏敢于擅自更改法条者处死，敢于闯入禁室偷看副本者同样要处死。接着本篇又谈到设置法吏的目的：让民众熟悉法律，这样官吏就不敢枉法虐民，民众也不会因为无知而犯法了。文章最后部分着重论述了两个问题：其一是确定法律名分的原因及其重要性。作者提出，只有确定名分，才能使人心平稳、社会安定。第二是确定法律名分的原则。民众无法洞晓深奥的道理，只能明白简易的法条，所以法律的制定必须要遵循通俗易懂的原则，这样民众就能够免于触犯法律，国家也就得到很好的治理。

　　公问于公孙鞅曰："法令以当时立之者，明旦欲使天下之吏民皆明知而用之，如一而无私①，奈何？"公孙鞅曰：为法令，置官吏，朴足以知法令之谓者②，以为天下正③，则奏天子。天子则各主法令之，皆降，受命，发官④。各主法令之民⑤，敢忘行主法令之所谓之名⑥，各以其所忘之法令名罪之。主法令之吏有迁徙物故⑦，辄使学读法令所谓，为之程式⑧，使日数而知法令之所谓⑨；不中程⑩，为法令以罪之。有敢剟定法令、损益一字以上⑪，罪死不赦。诸官吏及民，有问法令之所谓也于主法令之吏，皆各以其故所欲问之法令，明告之。各为尺六寸之符，明书年、月、日、时，所问法令之名，以告吏民。主法令之吏不告，及之罪⑫，而法令之所谓也⑬，皆以吏民之所问法令之罪，各罪主法令之吏。即以左券予吏之问法令者⑭，主法令之吏，谨藏其右券木柙⑮，以室藏之，封以法令之长印⑯。即后有物故，以券书从事。

[注释]

①公，指秦孝公。明旦，明天早上。如一，一致遵从。

②朴，高亨认为当读为"拊"，《广雅》："拊，求也。"

③正，官长。《左传·昭公二十九年》："木正曰句芒。"杜预注："正，官长也。"

④天子则各主法令之，当为"天子则各令之主法令"。降，从（宫殿的）台阶走下。发官，赴任。

⑤民，当为"吏"。

⑥主，高亨认为"主"为衍文。名，条文。

⑦徙，朱师辙说严本"徙"作"徒"，误，据别本改，高亨、蒋礼鸿皆从朱说。按，严本实为"徙"字，无误。物故，死亡。

⑧程式，规格，准则。

⑨日数，按照日期规定。

⑩不中程,不符合条令。

⑪剟(duō),《广雅》:"剟,削也。"

⑫及,等到。

⑬法令之所谓,正好是那一条。

⑭"以左券予吏"之"吏"下当有一"民"字。

⑮柙,木匣。

⑯法令之长,掌管法令的官长。

[译文]

秦孝公问公孙鞅说:"法令按照当时的情况制定以后,要在第二天早上就让全国的官吏与民众都了解而且一致奉行,应该如何去做呢?"公孙鞅说:制定法令,设置官吏,要挑选那些足以通晓法律的人来做主管法令的官长,上报给天子。天子宣布任命他们主管法令之后,法吏就从宫殿的台阶上走下去,到各地赴任。主管法令的官吏,敢忘记法令的条文,就以其所忘的那一条来治其罪。主管法令的官吏有调动到别处的以及亡故的,就委派新的官吏接替他,学习这些法令,给他制定具体的规程,让他在日期规定内熟知法令的内容,假如不符合规程,就要依法治他的罪。有敢于删削法令,增加或减少一字以上的,处以死刑,绝不赦免。各级官吏与民众,到主管法令官吏那里去询问法律条文,主管法令的官吏都要对他们所问的法律做出详细明确的回答。要制作一个一尺六寸长的符条,上面书写民众询问法律之事的年、月、日、时,以及所问法律条文的细目,并将所问的法令内容告诉官吏与民众。如果主管法令的官吏不为询问法令的官吏与民众解答法令,等到人们犯了罪,假如正好犯的是没解答的那一条，就以这一条的罪名治主管法令的官吏的罪。主管法令的官吏要把符条分为左右券，左券交给那些询问法令的官吏和民众，主管法令的官吏则谨慎地把右券放入木匣，存于密室中，盖上"法令之长"的官印封存。以后假如这名主管法令的官吏亡故，也要按照券书上的记录行事。

法令皆副⑰，置一副天子之殿中，为法令为禁室⑱，有铤钥为禁而以封之⑲，内藏法令一副禁室中⑳，封以禁印。有擅发禁室印，及入禁室视禁法令，及禁剟一字以上，罪皆死不赦。一岁受法令以禁令㉑。

[注释]

⑰副，设副本。

⑱第一个"为"字的意思是"为了"，第二个"为"字的意思是"建置"。

⑲铤，孙诒让认为乃"键"之误，键钥，门锁。

⑳内，读为"纳"。

㉑受，授，发布。

[译文]

法令都设置副本，将一个副本放在天子的宫殿中，专门为保存法令建置一间禁室，配备门锁，将副本放在禁室中，盖上禁室的印章封存起来。有敢于擅自打开禁室封条，以及进入禁室窥探法令，与删削法令一字以上者，都要处死，不许赦免。每一年要把禁室中的法令向吏民颁布一次。

天子置三法官：殿中置一法官，御史置一法官及吏，丞相置一法官。诸侯、郡、县皆各为置一法官及吏，皆此秦一法官㉒。郡、县、诸侯一受宝来之法令㉓，学问并所谓。吏民知法令者，皆问法官。故天下之吏民，无不知法者。吏明知民知法令也，故吏不敢以非法遇民，民不敢犯法以干法官也㉔。遇民不修法㉕，则问法官，法官即以法之罪告之，民即以法官之言正告之吏。吏知其如此，故吏不敢以非法遇民，民又不敢犯法。如此，天下之吏民，虽有贤良辩慧，不能开一言以枉法㉖；虽有千金，不能以用一铢㉗。故知诈贤能者皆作而为善，皆务自治奉公。民愚则易治也，此所生于法明白易知而必行。

[注释]

㉒皆此秦一法官，高亨认为，当作"此皆奉一法官"。奉，听从。

㉓宝来，孙诒让认为，"宝来"为"禁室"之误。朱师辙说"宝来"为禁室之名。高亨认为，"宝"字当为"赍"，赍来之法令，朝廷送来的法令。赍，送。诸说中高说为胜。

㉔遇民，对待民众。干，冒犯。

㉕修，遵循。

㉖贤良辩慧，指儒者与虚言空谈者，带有贬义。枉，歪曲。

㉗铢,秦国货币单位,为二十四分之一两。

[译文]

天子设置三名法官:宫殿中设置一名,御史台设置一名法官及其从吏,丞相处设置一名法官。诸侯、郡、县处也都设置一名法官及其从吏,他们都听命于朝廷中的法官。郡、县、诸侯一接到朝廷送来的法令,就学习这些法条的内容。官吏与民众想要知道法令说什么,就来询问法官。这样天下的官吏与民众,就没有不懂得法令的了。官吏们知道民众了解法令,就不敢以非法的手段对待民众,民众也不敢犯法以冒犯法官。官吏如果不遵循法律对待民众,民众就去询问法官,法官就告诉他们该官吏所犯的罪名,于是民众就把法官的话正告给不守法的官吏。官吏知道民众会这样做,就不敢以非法的手段对待民众,同时民众也不敢触犯法律。这样下去,天下的官吏与民众,即使有"贤良辩慧"那样的口才,也不能说一句歪曲法律的话;即使有千万家财,也无法花出一铢钱去行贿犯法。聪明巧诈和有能力的人都来做好事,严格要求自己,奉公守法。民众保持愚昧就容易治理,这是因为法令明白易懂而且得到坚决执行。

法令者,民之命也,为治之本也,所以备民也㉘。为治而去法令,犹欲无饥而去食也,欲无寒而去衣也,欲东而西行也,其不几亦明矣㉙。一兔走,百人逐之,非以兔为可分以为百,由名分之未定也。夫卖兔者满市,而盗不敢取,由名分已定也。故名分未定,尧、舜、禹、汤且皆如鹜焉而逐之;名分已定,贫盗不取㉚。

今法令不明，其名不定，天下之人得议之。其议，人异而无定。人主为法于上，下民议之于下，是法令不定，以下为上也。此所谓名分之不定也。夫名分不定，尧、舜犹将皆折而奸之㉛，而况众人乎？此令奸恶大起，人主夺威势，亡国灭社稷之道也。今先圣人为书而传之后世，必师受之，乃知所谓之名㉜；不师受之，而人以其心意议之，至死不能知其名与其意。故圣人必为法令置官也置吏也，为天下师，所以定名分也。名分定，则大诈贞信，巨盗愿悫，而各自治也㉝。故夫名分定，势治之道也；名分不定，势乱之道也。故势治者不可乱，势乱者不可治。夫势乱而治之，愈乱；势治而治之，则治。故圣王治治，不治乱。

[注释]

㉘备民，防备民众。

㉙不几，不接近。

㉚骛（wù），《说文》：" 骛，乱驰也。" 贫，《群书治要》作"贪"，"贫"字误。

㉛折，曲，不正，指违反道德。奸，《广雅》：" 奸，犯也。"

㉜为书，著书。受，通"授"。名，书中的文字。

㉝大诈贞信，巨盗愿悫，大奸之人变得忠诚讲信用，大盗变得诚恳老实。愿，《说文》：" 愿，谨也。" 自治，自己管理自己。

[译文]

法令是民众的生命，也是治理国家的根本，是为了防备民众作恶而设置的。治理国家却抛弃法令，就像想要肚子不饿却抛弃食物，想要身上不冷却抛弃衣服一样，又好像要往东去却向西走，其相去甚远是一定的。一只兔子奔跑，上百人去追逐它，这并不是说兔子可以分为一百份，而是兔子的归属未定。在市场上，到处都有卖兔子的商贩，但就算是盗贼也不敢强取，因为兔子的归属名分已经确定了。当事物的名分还没有确定的时候，即便如尧、舜、禹、汤这样的圣人也会为之追逐奔驰；而当名分已定，连贪婪的盗贼也不会去强取。现在法令不明确，名分不定，所以天下人都可以议论法令。人们议论法令，意见纷纭，无法定法。君主在上制定了法令，民众在下却议论不休，这是因为法令不明确，因此下面民众的意见代替了上面君主的法令。这就是所谓的名分不定。当名分不定的时候，像尧、舜这样的圣人也会违反道德去冒犯法令，何况一般大众呢？这种情况就使得奸恶的行为广泛地滋生，君主的权势遭到侵夺，这是国家灭亡之道。比如，古代的圣人著书传之后世，必定亲自传授给弟子，弟子才会懂得书中的文字及大意；老师不亲授，后人以自己的心意妄加揣测，那他到死也不可能知道圣人著作的文字与文意。因此，圣人一定要在制定法令的同时设立官吏，让天下人以管理法令的官吏为师，用这个办法来确定法令的名分。法令的名分确定了，大奸之人也会变得忠诚讲信用，大盗也会变得诚恳老实，人们都会自己管理自己。名分确定了，形势就往良好的方向发展；名分不确定，形势就往混乱的方向发展。向良治发展，就不会发生混乱；向混乱发展，国家就无法治理。混乱的形势，越治理越乱；良治的形势，越治理越完善。圣王在良治下治国，不在乱局中治国。

夫微妙意志之言，上知之所难也[34]。夫不待法令绳墨[35]，而无不正者，千万之一也。故圣人以千万治天下，故夫知者而后能知之[36]，不可以为法，民不尽知；贤者而后知之，不可以为法，民不尽贤。故圣人为法，必使之明白易知，名正[37]，愚知遍能知之；为置法官，置主法之吏，以为天下师[38]，令万民无陷于险危。故圣人立天下而无刑死者[39]，非不刑杀也，行法令明白易知，为置法官吏为之师，以道之知[40]，万民皆知所避就，避祸就福，而皆以自治也。故明主因治而终治之[41]，故天下大治也。

[注释]

[34]微妙意志之言，指艰深晦涩的文字。上知，上等智慧。

[35]绳墨，木工所用的墨线，引申为法规。

[36]知者而后能知之，成为智者以后才能懂得的道理。

[37]名正，概念清晰。

[38]以为天下师，指天下人以吏为师，向法吏学习法律。

[39]无刑死者，没有因为受刑而死的。

[40]道，引导。

[41]因，凭借。

[译文]

那些艰深晦涩的文字，即使有上等智慧的人也很难看懂。不依靠法令法规约束而自身的行为无不正确的人，千万人中才有一个。圣人是用千万普通人都明白的道理治天下，那些只有成为智者后才能弄明白的东西，不适合制定成法律，因为百姓不都是聪明的；那些只有成为贤者后才能懂得的东西，也不适合制定成法律，因为百姓不都是贤能的。所以，圣人制定法令，一定要让法令通俗易懂，名分清晰，使得民众中无论聪明人还是蠢人都能明白。圣人还要设置法官以及主管法令的法吏，让天下人都以法吏为师，这样就使民众免于陷入犯罪的危险境地。因此，圣人立法令于天下，民众没有因为受刑而死的，这不是说不用刑法杀人，而是将法令制定得明白易懂，又辅以设置法官、法吏，令民众以吏为师，引导民众了解法令，这样民众就了解该避开什么，该追求什么，就能避开犯法的祸患而去追求幸福，而且都能自己管理自己。圣明的君主凭借这样的办法来治理国家，最后达到了天下大治。

文献要目

1. （清）严万里：《商君书新校正》，据北京图书馆藏严可均抄本影印本。

2. 《商子》，《四部丛刊》，上海涵芬楼，据范钦天一阁本影印，1919年。

3. 《商子》，《先秦诸子合编》，明绵眇阁刊本。

4. 《商子》，台湾文渊阁四库全书影印本，台北商务印书馆，1986年。

5. （清）俞樾：《诸子平议》，商务印书馆，1935年影印本。

6. （清）孙诒让：《商子》校本，《孙诒让全集》，中华书局，2014年。

7. （清）陶鸿庆：《读诸子札记》，中华书局，1959年。

8. （清）于鬯：《香草续校书》，中华书局，2013年。

9. 王时润：《商君书斠诠》，长沙宏文图书社铅印本，1915年。

10. 朱师辙：《商君书解诂定本》，古籍出版社，据1948年广州排印本校正，1956年。

11. 蒋礼鸿：《商君书锥指》，中华书局，1986年。

12. 高亨：《商君书注译》，中华书局，1974年。

13. 高亨：《商君书新笺》，《高亨著作集林》，清华大学出版社，2004年。

14. 张觉：《商君书校注》，岳麓书社，2006年。

15. （唐）孔颖达：《诗经正义》，《十三经注疏》，中华书局，1980年。

16. （唐）孔颖达：《春秋左传正义》，《十三经注疏》，中华书局，1980年。

17. （唐）孔颖达：《礼记正义》，《十三经注疏》，中华书局，1980年。

18. 郑玄注、贾公彦疏：《周礼注疏》，上海古籍出版社，2010年。

19. 杨伯峻：《论语译注》，中华书局，1980年。

20. 杨伯峻：《孟子译注》，中华书局，1960年。

21. 《道德经古本集注》，无求备斋老子集成初编本，台北艺文印书馆，1965年。

22. （清）王先谦：《荀子集解》，《诸子集成》，世界书局，1935年。

23. （清）王先慎：《韩非子集解》，《新编诸子集成》，中华书局，2003年。

24. 《战国策》，台湾文渊阁四库全书影印本，台北商务印书馆，1986年。

25. 何宁：《淮南子集释》，《新编诸子集成》，中华书局，1998年。

26. （汉）司马迁：《史记》，中华书局，1982年。

27. （唐）司马贞：《史记索隐》，台湾文渊阁四库全书影印本，台北商务印书馆，1986年。

28. （汉）许慎：《说文解字》，中华书局，1963年。

29. 《广雅》，江苏古籍出版社，1984年影印本。

30. 《群书治要》，台湾商务印书馆，1981年影印本。

31. （清）朱骏声：《说文通训定声》，武汉市古籍书店，1983年影印本。